New Model of Science Communication: Theoretical Construction and Practical Exploration from a Global Perspective

科技传播新模式：全球视野下的理论构建与实践探索

李本乾　王大可 等 著

上海交通大學 出版社
SHANGHAI JIAO TONG UNIVERSITY PRESS

内容提要

本书是上海市2023年度"科技创新行动计划"科普专项项目"科技传播教程:理论、技能与实操"(项目编号:23DZ2300600)的阶段性成果。书中深入探讨了科技传播在国际上的概念界定、发展历程、理论体系、政策制定、生态构成以及发展趋向。全书不仅清晰界定了科技传播的基本概念,还揭示了科技传播在不同文化和社会背景下的多元面貌,为理解科技传播在全球范围内的变迁提供了宝贵视角,并为制定科学合理的科技传播政策、推动科技传播的健康发展提供了重要参考。

本书适合科技传播、科技教育等相关领域的研究者和从业者作为参考资料阅读。

图书在版编目(CIP)数据

科技传播新模式:全球视野下的理论构建与实践探索/李本乾等著.—上海:上海交通大学出版社,2025.6.—ISBN 978-7-313-32768-0

Ⅰ.G206.2

中国国家版本馆CIP数据核字第20258S8P63号

科技传播新模式:全球视野下的理论构建与实践探索

KEJI CHUANBO XINMOSHI: QUANQIU SHIYE XIA DE LILUN GOUJIAN YU SHIJIAN TANSUO

著　　者:李本乾　王大可　等

出版发行:上海交通大学出版社

地　　址:上海市番禺路951号

邮政编码:200030

电　　话:021-64071208

印　　制:上海新华印刷有限公司

经　　销:全国新华书店

开　　本:710mm×1000mm　1/16

印　　张:10.25

字　　数:144千字

版　　次:2025年6月第1版

印　　次:2025年6月第1次印刷

书　　号:ISBN 978-7-313-32768-0

定　　价:58.00元

前言

随着5G时代的来临,信息传播的速度和效率达到了前所未有的高度。这不仅极大地改变了人们的生活方式,也对新闻传播格局带来了深刻的变革。在信息化、网络化的时代背景下,科技传播已经不再是简单的信息传递过程,而是涉及多个领域、多个层面的复杂系统。科技传播不仅关乎科技知识的普及和传播,更关联着科技政策的制定、科技生态的构建以及科技文化的培育等多个方面。因此,对科技传播模式进行深入研究,不仅有助于我们更好地理解科技传播的本质和规律,还有助于我们有效应对科技传播面临的挑战和问题。

与此同时,全球化进程不断深入,各国之间的科技交流和合作日益频繁,科技传播也呈现出显著的国际化趋势。在这样的背景下,对国内外科技传播模式进行比较研究,不仅可以揭示不同国家科技传播的特点和差异,还可以借鉴国外先进经验和做法,为我国科技传播事业发展提供有益参考。

基于此,本书从科技传播的概念、理论、政策、生态以及发展趋势等多个方面入手,对国内外科技传播模式展开全面且深入的比较研究。在研究方法上,综合运用文献研究、案例分析、比较研究等多种方法,力求全面、客观、准确地揭示科技传播的本质和规律。

具体来说,第一章深入分析国内外科技传播的概念界定、发展概况以及对其意义的认识,揭示科技传播在不同国家、不同文化背景下的共性与差异,为后续章节的研究奠定基础。

第二章全面梳理和深入分析国际科技传播的宏观领域、基本理论、实践模型以及关键议题，揭示不同国家在科技传播理论研究层面的特色与优势，为我国科技传播理论的发展提供有益的借鉴与启示。

第三章从政策目标、制定过程、具体内容以及实施情况等方面入手，对不同国家的科技传播政策进行比较分析，揭示各国在科技传播政策制定过程中的成功经验与不足之处，为我国科技传播政策的制定提供参考与借鉴。

第四章深入剖析科技传播生态的概念、构成要素、特征以及健康评估，同时对比不同国家在科技传播生态建设方面取得的实践成果，为我国科技传播生态的优化提供范例与思路。

第五章从未来科技传播的构成性语境、战略规划以及发展趋势等方面入手，深入分析各国在科技传播未来发展方向上的战略布局，为我国科技传播的未来发展提供有益的启示与指导。

总体而言，本书通过对国内外科技传播模式的比较研究，揭示了科技传播的本质特征和发展规律，为科技传播的理论研究和实践应用提供了极具价值的参考。希望本书的研究成果能对读者有所启发，共同推动科技传播事业的发展。

目　录

第一章

科技传播的国际化探索：概念解析与全球趋势

科技传播，作为传播科技知识和信息的关键载体，是一个由“多种因素复合交叉组成的系统”①，是人类社会科学与技术系统得以产生和存续的基本前提，也是推动科学普及与技术进步的重要基石。那么，科技传播究竟该如何定义呢？它在众多复杂因素的交织作用下，形成了独特的内涵与外延，值得我们深入探究其本质和边界。

第一节　国内外对科技传播的概念界定

一、科技传播的概念构成

从概念构成角度来看，“科技传播”主要涉及“科技”与“传播”两个核心领域。

第一，我们来探讨“科技”的部分。广义上，科学是人类长期积累的知识体系，涵盖自然、社会和思维等多个领域，它不仅指专注研究自然现象及其规律的自然科学学科，更是对世界的系统性认知和理解。与

① 林坚.科技传播的结构和模式探析[J].科学技术与辩证法，2001(4)：49－53，56.

此同时,技术则是基于自然科学原理的实践应用,以及在此过程中累积的实践经验,包括为实现特定目标而采用的各种工具、设备、工艺和方法。

正如研究者指出,虽然历史上对科学与技术关系的认识历经变化,但如今,人们已普遍认识到,“科学、技术领域间界限日益模糊,领域距离不断变窄”[①]。科学与技术联系紧密,技术为科学提供实践平台,通过实际应用提出研究课题;科学为技术提供理论支持,为技术创新和进步指明方向,两者结合构成“科技”,即“科学技术”(science and technology)。

狭义上,“科技”通常指具有新颖性、科学性、先进性和实用价值的应用技术。这些技术极大提升了人们的日常生活便利性,使许多任务变得更简单。比如增强现实(AR)、人工智能(AI)、虚拟现实(VR)等,它们都是现代科技的杰出代表,正逐步改变我们的生活方式。一般来说,谈及“科技”,它既可以特指某一领域内的先进技术手段,也可以作为一个描述性名词,用来形容那些充满未来感和创新性的内容。

第二,再来看“传播”。一般而言,“传播”(communication)描述的是两个独立系统之间,通过特定媒介和途径进行的有目的的信息传递活动。人类社会的发展离不开彼此的交流与互动,从口头传播时代到现今的电子时代,尽管传播的信息、内容、方式和手段不断更新,但传播的本质始终未变。国内外不少专家学者对“传播”一词都有过界定。在国内,知名学者郭庆光先生曾经将传播精准定义为“社会信息的传递或社会信息系统的运行”[②]。邵培仁则着重强调传播媒介在传播过程中的作用,认为“传播是人类通过符号和媒介交流信息以期发生相应变化的活

① 刘虹.面向科学与技术的交叉领域研究:概念内涵、测度方法[J].现代情报,2024,44(5):166-176.

② 郭庆光.传播学教程:第二版[M].北京:中国人民大学出版社,2011:2.

动”①。胡正荣明确指出传播的两个基本要素，提出传播是信息流动的过程，包含信息（传播的材料）和流动两个要素②。此外，我国传播学领域重要学者张国良也曾给出定义，称“传播即传受信息的行为（或过程）”③，表述简明扼要。

国外的学者则更倾向于将“传播”的定义与多学科概念相结合。比如查尔斯·霍顿·库利（Charles Horton Cooley）从社会学视角出发，提出“传播是指人与人关系赖以成立和发展的机制——包括一切精神象征及其在空间中得到传递、在时间上得到保存的手段。它包括表情、态度、动作、声调、语言、文章、印刷品、铁路、电报、电话，以及人类征服空间和时间的其他任何最新效果”④。符号学家查尔斯·桑德斯·皮尔斯（Charles Sanders Peirce）从符号学角度提出“传播即观念或意义（精神内容）的传递过程”⑤。伯纳德·贝雷尔森（Bernard Berelson）则认为，“运用符号——词语、画片、数字、图表等传递信息、思想、感情、技术等，这种传递的行为或过程通常称为传播”⑥。

二、科技传播的概念界定

当前，科技传播的研究日益受到重视，在国内外引发广泛讨论。然而，在学术界的探讨中，科技传播、科学传播和科学普及等概念尚未得到明确界定，不同学者观点各异。从本研究视角看，科技传播、科学传播与科学普及本质和内涵相似，不宜作过于细致的区分。因此，我们倾向于将这几个概念作为一个整体来进行研究。

---

① 邵培仁. 传播学[M]. 北京：高等教育出版社，2015.

② 胡正荣. 传播学总论[M]. 北京：北京广播学院出版社，1997.

③ 张国良. 传播学原理：第二版[M]. 上海：复旦大学出版社，2009：6.

④ Cooley C H. On self and social organization [M]. New Brunswick: Transaction Publishers, 1983:61.

⑤ 胡正荣. 传播学总论[M]. 北京：北京广播学院出版社，1997.

⑥ 吴文虎. 传播学概论[M]. 北京：中国新闻出版社，1988：3.

国外对科技传播的研究已有约百年历史。早在20世纪30年代，英国杰出物理学家约翰·贝尔纳（John Bernal）率先提出科学传播是科学核心社会功能的理念，并在其里程碑式的著作《科学的社会功能》（1939年出版）中详细阐述。贝尔纳认为，若普通大众，包括资助者和政府官员，无法深入理解科学家的研究工作，就难以给予科学家必要支持，也无法享受科学工作为社会带来的巨大益处①。由此可见，贝尔纳的阐释重在发掘科技传播的社会意义。

20世纪60年代，美国科学促进会发布了有关"公众理解科学"报告，以官方身份对公众与科学之间的关系进行了明确界定和深入分析。大约20年后，英国皇家学会理事会委托沃尔特·博德默（Walter Bodmer）博士完成了一份关于"公众理解科学"的研究报告。这份报告首次界定了"公众理解科学"这一概念，促使英国政府重视公众对科学技术与国家繁荣关系的认知，随后成立了公众理解科学委员会（COPUS）②。不久后，英国著名传播学家约翰·杜兰特（John Durant）于1989年提出备受关注的"缺失模型"理论。该理论主张科学技术本身是科学且有效的，公众应当掌握相应科学知识和技术。然而，由于公众普遍缺乏科学技术知识，科学家有责任向公众传播这些知识和技术。

国内关于科技传播的讨论虽然持续不断，但相较于国外，起步较晚。20世纪90年代中叶，不少学者开始将科技传播纳入研究范畴，认为它是一种旨在实现科技信息交换和分享的技术活动。在这一时期，人们对科技传播的认识既涵盖科学技术信息本身，也涉及与之相关的传播媒介和独特的传播方式。

我国有学者梳理过国内外对科技传播的概念界定，发现虽然研究的学者数量众多，但仍缺乏对科技传播的明确界定。翟杰全在其著作

---

① 贝尔纳. 科学的社会功能[M]. 陈体芳，译. 北京：商务印书馆，1995：144.

② 英国皇家学会. 公众理解科学[M]. 唐英英，译. 北京：北京理工大学出版社，2004.

中指出，"在国内，有使用'科技传播'的，有使用'科学传播'的，也有专门研究'技术传播'的；在国际上，英文中有 Scientific and Technical Communication（STC），有 Science Communication，还有 Scientific Communication 和 Technical Communication"①，这表明了科技传播界定的模糊性。

实际上，"科技传播"的概念界定一直是学者们研究的重点议题之一，特别是在 20 世纪末至 21 世纪初，相关讨论更为集中。1995 年，刘建民在首届科技传播研讨会上提出，"一切科技知识的交流、传播、传授都属于科技传播，这是从广义上理解科技信息传播与交流过程中的所有信息流动"②。曹自学则从科技学和传播学这两门学科人才培养的角度，提出了"科技传播的观念意味着传播人才要加强科技意识，科技人才要加强传播意识"③这一观点。还有学者着重强调科技传播带来的观念变化，例如，以吴国盛为代表的学者认为，"用'多元、平等、开放、互动'的'传播'观念来理解科学、对待科学，就是我们倡导的'科学传播'"④。卞毓麟基于科技转化视角，提出了独到的见解。他认为，科学知识最初是少数人的劳动结晶，但最终应实现其社会价值，成为全社会共享的宝贵财富。这种从个体到社会的转变，实质上就是科学传播的过程。卞毓麟进一步将这一传播过程细化为三个层次：科学交流、科学教育以及科学普及，从而更全面地涵盖了科学知识的传播与普及⑤。

---

① 翟杰全. 让科技跨越时空：科技传播与科技传播学[M]. 北京：北京理工大学出版社，2002：8.

② 刘建民. 科技传播：人类智慧的繁衍[C]//孙宝寅. 科技传播研究：首届科技传播研讨会论文选. 北京：清华大学出版社，1995：34.

③ 曹自学. 传播学与科技传播科[C]//孙宝寅. 科技传播研究：首届科技传播研讨会论文选. 北京：清华大学出版社，1995：20.

④ 吴国盛. 科学传播与科学文化再思考[N]. 中华读书报，2003－10－30(19).

⑤ 卞毓麟. 新时期的天文教育和普及[C]//中国天文学会. 新世纪天文发展方向研讨暨中国天文学会第二届学术大会论文集. 2002：113－118.

同时,我国还有不少学者对科技传播的模式进行了界定。2003年,韩建民系统梳理了清末科学传播的重要历史事件,归纳出四种主要的科学传播模式:译文出版、口岸传播、留学生传播、办学传播与实物传播①。刘华杰将科技传播的特性纳入考量,侧重其"反思性",于2009年提出"科学传播完整的叫法是有反思的科学传播,指科技信息在社会各主体之间的发送、接收等,相当于广义的科普"②。近年来,国内对科技传播的研究进入高峰期,各类会议、期刊层出不穷,体现出我国政府以及专家学者对科技传播的重视。

可以说,科技传播的研究是在近现代背景下逐渐兴起的重要议题。国内外学者在不断变化的背景格局中,深入探究科技传播的概念、观点、理念及其发展,开辟了一个极具价值的研究领域。这些研究不仅为科技传播实践提供了清晰的理论指导,还推动了相关领域的学术发展。表1-1汇总了国内外学者在科技传播领域的重要贡献和核心观点,以便读者能更清晰地了解该领域的学术进展。

表1-1 国内外学者在科技传播领域的重要贡献和核心观点

地域	提出者/提出机构	重要贡献/核心观点	时间
国外	约翰·贝尔纳(John Bernal)	首次将Science Communication作为科学的一项重要社会功能提出	1939
	美国科学促进会	发表有关"公众理解科学"的报告	1966
	乔恩·米勒(Jon Miller)	米勒体系	1983
	英国皇家学会理事	成立公众理解科学委员会(COPUS)	1985
	约翰·杜兰特(John Durant)	缺失模型	1989

① 韩建民.晚清科学传播的几种模式[J].上海交通大学学报(哲学社会科学版),2003(5):46-48,72.

② 刘华杰.科学传播的三种模型与三个阶段[J].科普研究,2009,4(2):10-18.

（续表）

地域	提出者/提出机构	重要事件/核心观点	时间
国外	乔恩·米勒	科技传播包含三个核心部分：一是特定科学术语和概念的语汇体系，这是科技知识传递的基础；二是对科学过程的理解，即知晓科学研究的方法、步骤和逻辑；三是对科学技术对个人和社会影响的认识，有助于公众形成科学的价值观和世界观	1998
	约翰·佩林（John Palen）	科学传播的核心目标是帮助非专业受众获取和理解与科学相关的题材与信息。通过公共传播渠道，如媒体、教育活动和公共讲座等，广泛传播科学知识，增强公众的科学素养和兴趣	1999
	迈克尔·魏格尔德（Michael Weigold）	对科学传播主体展开详细分析	2001
	科学技术办公室，惠康信托基金（Office of Science and Technology，The Wellcome Trust）	科技传播涉及多个关键部门和群体间的信息流通，主要包括以下几个方面：第一，科学共同体内部的传播，涵盖了学术层面的交流与合作，以及商业性的协作；第二，科学共同体与媒体之间通过互动传递信息；第三，科学共同体面向公众开展科普教育活动；第四，科学共同体与政府或其他行政、权力机构之间保持政策沟通；第五，科学共同体与能影响政策的机构合作；第六，工商业机构也积极参与对公众的科学推广；第七，媒体（如博物馆和科学中心）致力于向公众普及科学知识；第八，政府承担与公众进行科学信息交流和传播的责任。以上八个方面构成科技传播的完整体系	2001
	汉斯·罗森达尔（Hans Roosendaal）	科技传播过程是一个完整的价值链，具备“注册、存单、直销和证明”四大功能	2001
	克里斯·布莱恩特（Chris Bryant）	科学传播是科学文化和知识融入更广泛共同体文化的过程	2002
国内	刘建民	一切科技知识的交流、传播、传授都属于科技传播	1995

(续表)

地域	提出者/提出机构	重要事件/核心观点	时间
国内	曹自学	科技传播的观念意味着传播人才要加强科技意识,科技人才要增强传播意识	1995
	翟杰全	科技知识信息跨越时空界限广泛扩散,实现不同个体间知识共享,最大化发挥科技知识的价值	1999
	卞毓麟	科技传播的本质就是将少数人的科技劳动成果转化为全社会共同财富的过程	2002
	吴国盛	科技传播以多元、平等、开放、互动的“传播”观念来理解科学、对待科学	2003
	韩建民	归纳出四种主要模式:译文出版、口岸传播、留学生传播、办学传播与实物传播	2003
	刘华杰	科技传播是科技信息在社会各主体间的传递交流,包括发送、接收等环节,范围广泛,相当于广义科普活动,旨在促进科技知识普及、提高公众科技素养、推动科技与社会融合发展	2009

第二节 国内外科技传播发展概览

一、科技传播领域的诞生

19 世纪下半叶,科学技术蓬勃发展,科技人员积极借助媒体,用简洁易懂的语言向公众传播和解读科技新进展①。这一趋势催生了“科普”(popular science 或 science popularization)这一术语,标志着科学普及活动正式登上历史舞台②。第二次世界大战后,各国政府逐渐意识到科技的重要价值,大力推动科技发展,进一步促进了科技传播媒体实践的

① 李大光. 科学传播简史[M]. 北京:中国科学技术出版社,2015.

② 石顺科. 英文“科普”称谓探识[J]. 科普研究,2007(2):63-66,80.

蓬勃发展。然而,真正让科技传播成为一门独立学科的标志性事件,是英国皇家学会在20世纪80年代中期发布的《公众理解科学》报告。这份报告着重指出,理解风险和不确定性的本质,是理解科学不可或缺的部分,为科技传播学科的正式确立奠定了坚实理论基础①。紧接着,科技传播学界迎来两大重要学术期刊的创立。1992年,《公众理解科学》(*Public Understanding of Science*)创刊;1994年,《科学传播》(*Science Communication*)学刊问世。这两本期刊极大地推动了科学传播作为独立学科的深入发展。

进入21世纪,科技传播在我国正式确立学科地位。在此背景下,刘华杰和吴国盛两位学者相继发表了具有深远影响的文章,不仅提出了科技传播这一重要概念,还深入剖析了科普(或科学传播)发展的三个阶段:传统科普、公众理解科学以及科学传播。这些开创性贡献为科技传播学科的建设与发展奠定了坚实的理论基础,提供了宝贵的学术支撑②。2001年6月,北京大学正式设立科学传播中心。该中心汇聚了一支实力强劲且多元化的研究团队,专注于科学史与科学哲学领域的深入研究,为科学传播中心积累了深厚学术底蕴,提供了多元研究视角,有力推动了科学传播领域的探索与发展③。此后,科学传播在理论和实践层面均取得了显著进展,学界和业界对这一概念也逐渐达成共识(见表1-2)。

表1-2 科技传播学科发展上的代表性事件

时间	事件
第二次世界大战后(1985年前)	科技力量得到重视,各国鼓励科技发展

① 英国皇家学会.公众理解科学[M].唐英英,译.北京:北京理工大学出版社,2004.
② 田松.科学传播:一个新兴的学术领域[J].新闻与传播研究,2007(2):81-91.
③ 吴国盛.当代中国的科学传播[J].自然辩证法通讯,2016,38(2):1-6.

（续表）

时间	事件
1985 年	英国皇家学会发布《公众理解科学》，推动科技传播学科建制
1992 年	学刊《公众理解科学》创立
1994 年	学刊《科学传播》创立
2000 年	我国成立"科技传播"学科
2001 年	北京大学成立科学传播中心，促进科技传播理论和实践发展

二、科技传播的多元化视角

与传播学相似，科学传播自诞生起便展现出交叉学科的特性。其理论基础极为广泛，不仅涵盖了传播学理论，还融合了社会学、心理学、语言学、哲学等多个学科的理论精髓①。不少研究者发现，科学传播的关注点正逐渐转向面向公众的传播实践。从国际知名学术期刊如《科学传播》（*Science Communication*）、《科学教育》（*Science Education*）和《科学传播杂志》（*Journal of Science Communication*）等近年来发表的文章来看，研究重点大多集中在环境保护、基因产业、纳米科技和干细胞生物工程等前沿议题上。在研究方法上，研究者广泛运用心理学和社会学的理论和方法，通过实证研究深入探讨社会公众在科学传播过程中的心理变化和行为机制，以期更好地理解和满足公众对科学知识的需求②。

传播学作为科技传播的核心理论来源，对科技传播的两大关键范式——科普范式和公众参与科学范式，产生了深远影响。在科普范式中，早期传播学的效果理论，特别是魔弹论，曾占据重要地位。魔弹论

① 朱巧燕. 国际科学传播研究：立场、范式与学术路径[J]. 新闻与传播研究，2015，22(6)：78－92，128.

② 杜志刚，王军. 国外科学传播实证研究综述：内容、框架与范式[J]. 自然辩证法通讯，2015，37(3)：110－116.

认为大众媒体具有强大的影响力,能够像子弹穿透皮肤一样直接作用于受众,使其在接收科学家或科普专家的信息后,迅速改变信念和行为。这一理论为科普活动提供了重要的理论支撑,凸显了媒体在信息传播和公众认知塑造中的关键作用①。公众理解科学范式是在传播学不断发展深化的过程中产生的,它承袭了传播学中"双向传播"的核心思想,特别强调公众在科技传播中的核心地位,推动科技传播进入全新发展阶段。

在科技传播的理论研究方面,主流路径和趋势通常被划分为两大方向:宏观层面和微观层面。宏观层面的研究旨在剖析科技传播的基本概念、显著特征、核心理念及其在现实应用中的具体作用、深远意义、多样化的传播模式和有效途径,同时涵盖相关科技政策。这些研究为我们构建起对科技传播整体框架和战略层面的全面认识。微观层面的研究则聚焦于科技传播的具体实践细节,深入探究传播过程中的关键主体,如业界精英、政府主管部门以及科学家等,如何借助不同媒介(如报纸、电视、网络等)和特定的信息编排策略(如新闻框架、叙事结构等)来推广和传播特定的科学议题(如 DNA 技术、纳米技术等)。这一方向的研究详细分析了科技传播的实际操作机制及其影响因素,对提升我们理解和优化科技传播效果意义重大。

尤其值得注意的是,微观层面的科技传播理论发展受传播学领域经典学者拉斯韦尔所提出的"5W 模型"的深刻影响。该模型精准界定了五个核心要素:传播者(who)、传播内容(what)、传播渠道(which channel)、接收者(whom),以及传播效果(what effect),为科技传播的研究提供了坚实有力的理论框架和富有洞察力的分析工具。这一模型在科技传播实践中应用广泛,有助于我们更加全面、深入地理解和优化科

① 朱巧燕.国际科学传播研究:立场、范式与学术路径[J].新闻与传播研究,2015,22(6):78-92,128.

技传播的过程与效果。

社会学为科技传播研究提供了更为多元的视角。社会学学者的加入，使我们能够从社会结构角度深入分析影响科技传播效果的因素。例如，黛布拉·J. 戴维森（Debra J. Davidson）和威廉·R. 弗罗伊登堡（William R. Freudenburg）从社会人口学变量角度出发，探讨了科技传播效果的影响因素，发现女性相较于男性对技术和环境风险的感知更为敏感①。威廉·K. 霍尔曼（William K. Hallman）等人则证实了公众对科学技术的接受差异受"国别"因素影响②。

社会学学者的参与，不仅丰富了科技传播的研究视角，还推动了科技传播批判范式的兴起。在科技传播学者的理论资源中，科学社会学作为重要研究范式，为科技传播提供了丰富的理论支撑③。社会学研究范式促使科技传播领域进行深刻反思，尤其是在科学普及方面。以科学社会学为主要方法的科学传播研究，不仅批评科学"霸权"及其在传播过程中的支配性，更重要的是，挑战了"公众理解科学"这一传统提法，指出公众需要理解的不只是科学的益处，还包括其对社会产生的广泛影响④。在这一视角下，科学普及往往被视为与科学研究截然不同的阶段，甚至可能是损害科学真实性的阶段。科学家在界定科普与科研界限时所拥有的裁量权，使其在一定程度上获得了话语的霸权地位⑤。

---

① Davidson D J, Freudenburg W R. Gender and environmental risk concerns: a review and analysis of available research [J]. Environment and behavior, 1996,28(3):302 - 339.

② Hallman W K, Hebden W C, Aquino H L. Public perceptions of genetically modified foods: a national study of american knowledge and opinion [C]. New Brunswick: Food Policy Institute, Cook College, Rutgers-The State University of New Jersey, 2003.

③ 贾鹤鹏，闫隽. 科学传播的溯源、变革与中国机遇[J]. 新闻与传播研究，2017,24(2): 64 - 75,127.

④ Lewenstein B V. From fax to facts: communication in the cold fusion saga [J]. Social studies of science, 1995,25(3):403 - 436.

⑤ Hilgartner S. The dominant view of popularization: conceptual problems, political uses [J]. Social studies of science, 1990,20(3):519 - 539.

科技传播学者深入反思和解构科技传播的社会建构过程,积极关注并揭示科学界与公众之间在这一过程中所形成的不平等关系。他们努力打破这种不平等,确保公众能够基于自身理性判断,对各种科技问题做出合理评估与决策。这不仅体现了科技传播学者对公众权益的维护,也反映出他们促进科学民主化和公众参与的坚定信念①。从上述观点可见,社会学对科学传播的影响,不仅体现在研究方法和方式上,更深刻地反映在对受众民主参与精神的关注与推动上。

此外,心理学也为科技传播研究提供了独特视角。心理学学者从个人心理角度出发,深入探究科技传播过程。心理学研究表明,在日常生活中,人们往往因为各种偶然因素形成初始信念或观念。这些初步构建的认知框架,在个体后续判断新接收信息时发挥关键作用,影响其理解和决策过程②。一旦人们的观念形成,往往会展现出强烈的认知惯性,使得后续行动难以轻易改变其态度和行为,这种现象显著制约了科学传播的成效。针对这一情况,专家们在多年研究中,已识别出 31 个常用的社会心理变量,涵盖信任、知识、风险感知和收益感知等方面,用于分析公众对新兴技术的态度③(见表 1-3)。

表 1-3 各学科对科技传播学的影响

学科	对科技传播学的影响	举例
传播学	理论基础	魔弹论
	影响理论发展路线	“5W 模型”、关注科学家作为传播主体对传播效果的影响

---

① 贾鹤鹏,苗伟山.科学传播、风险传播与健康传播的理论溯源及其对中国传播学研究的启示[J].国际新闻界,2017,39(2):66-89.

② 贾鹤鹏,刘立,王大鹏,任安波.科学传播的科学:科学传播研究的新阶段[J].科学学研究,2015,33(3):330-336.

③ Gupta N, Fischer A R H, Frewer L J. Socio-psychological determinants of public acceptance of technologies: a review [J]. Public understanding of science, 2011,21(7):782-795.

(续表)

学科	对科技传播学的影响	举例
社会学	理论研究视角	社会结构、受众性别和国别影响科技传播效果
	研究范式	批评科学与科学家的"话语霸权"对传播过程的支配性
	斗争精神	捍卫公众理性判断的权利
心理学	理论研究视角	信任影响传播效果
	研究范式	实证研究科技传播中社会公众的心理、行为中的影响因素和影响机制

在探讨具体的科学、社会与公众互动(SSI)议题时,公众的知识储备往往成为其判断的关键因素。当公众感到自身知识有限时,倾向于依靠社会信任,尤其是他们认为权威可信的专家,来评估相关技术的潜在风险和预期收益。这种依赖不仅体现了公众对专家知识的认可,也反映出在面对科学议题时,公众对信息权威性的追求。例如,梅兰妮·康纳(Melanie Connor)和迈克尔·西格里斯特(Michael Siegrist)的研究发现,信任在公众评估基因技术的风险和收益中,扮演着极为重要的角色。当公众对提供信息的专家或机构信任度较高时,更易接受这些专家对基因技术风险和收益的评价,并据此形成自己的态度。因此,在开展科技传播时,建立和维护公众的信任至关重要,有助于公众更准确地理解和评估新技术的潜在影响①。保罗·R. 布鲁尔(Paul R. Brewer)和芭芭拉·L. 莱伊(Barbara L. Ley)特别指出,在环境科学信息传播过程中,信任因素至关重要。为了深入理解这一现象,他们进一步研究了公众如何评估并信任来自不同特定来源的环境科学信息。该研究揭示了信任在科学传播中的核心作用,其研究结果显示,在涉及环境议题的情

① Connor M, Siegrist M. Factors influencing people's acceptance of gene technology: the role of knowledge, health expectations, naturalness, and social trust [J]. Science communication, 2010,32(4):514 - 538.

境中，公众对信息来源的信任程度会直接影响他们对科学信息的接受度和理解①。

长期以来，科学界一直依赖单纯的知识传授，深信通过向公众灌输科学知识，就能改变公众对科学的态度。然而，随着心理学研究的深度介入，这种传统模式正逐步瓦解。心理学家的研究表明，公众对科学的态度受多方面心理因素影响，并非仅仅取决于知识量的积累。因此，科学传播需要更加关注公众的心理需求，采取更加多元化的策略，以增进公众对科学的理解和支持②。

此外，心理学范式的引入为科学传播研究注入了新活力，有效弥补了传统科学传播研究在人际交往方面的不足。随着心理学方法的广泛应用，学术界对社会公众在科学传播中的心理动态、行为模式，以及背后复杂的影响因素和机制的研究不断深入。这一转变拓宽了科学传播的研究视野，为理解公众如何接收、理解和回应科学信息，构建了更为精细和全面的理论框架。这种跨学科融合丰富了科学传播的研究内容，为剖析公众与科学之间的互动关系提供了全新视角③。

总体而言，心理学的理论和研究范式为科学传播提供了深入洞察受众心理与行为的重要理论依据和工具。随着科学传播日益重视公众在其中的角色，心理学正逐渐成为推动科学传播未来发展的关键方向之一。

综上所述，不同学科背景的学者纷纷涉足科技传播领域，他们带来各自学科的理论和范式，极大地丰富了科技传播的研究议题，有效提升了科技传播作为一门学科的独立性和重要性。这种跨学科融合不仅有

---

① Brewer P R, Ley B. L. Multiple exposures: scientific controversy, the media, and public responses to Bisphenol A [J]. Science communication, 2011,33(1):76-97.

② Miller J D. Scientific literacy: a conceptual and empirical review [J]. Daedalus, 1983, 1112(2):29-48.

③ 杜志刚，王军. 国外科学传播实证研究综述：内容、框架与范式[J]. 自然辩证法通讯，2015,37(3):110-116.

助于打破当前科技传播中单向传播的困境,还能使研究内容更加聚焦,突出学科特色,从而推动科技传播在学术与实践两个层面实现健康、持续发展。

三、科技传播人才的培养

牛桂芹和李焱根据科学传播人才培养在增速、规模扩张及质量提升方面的显著特点,将这一过程归纳为三个核心阶段。这一划分使我们能够更清晰地洞察科学传播人才培养的历史脉络和发展规律。

具体来说,第一阶段为开创性阶段,始于 1960 年。从 20 世纪 60 年代起,国外大学开始逐步开设与科学传播相关的本科课程。到了 20 世纪 80 年代,法国率先构建起完整的科学传播本科教育体系,成为该领域的先行者。

第二阶段是迅猛发展阶段,从 1984 年开始。20 世纪 80 年代末,澳大利亚在科学传播领域取得重要突破,开始提供硕士层次的培养项目。随后的 10 年间,英国、西班牙、意大利和法国等国家也迅速跟进,纷纷开设科学传播的学位培养课程,有力地推动了该领域的快速发展。

这种阶段划分不仅揭示了科学传播人才培养的历史演进,也为我们把握其未来走向和趋势提供了关键线索①。

西方国家高校中的科学传播专业,其历史可追溯至 20 世纪 50 年代,当时主要脱胎于科学新闻专业。随着时间的推移,特别是在 70 年代前后,科学传播专业逐渐崭露头角,最终从科学新闻专业中独立出来,在高校教育体系中确立了自己的独立地位。在各国科学传播的培养体系中,硕士层次占据重要地位,并且这些专业通常优先接收已有科学学位的人员,这凸显了科学素养在科技传播中的重要性。

---

① 牛桂芹,李焱.国外高校科学传播人才培养的典型经验及对我国的启示[J].科普研究,2021,16(6):32-41,96.

英国在科技传播的理论研究和实践方面始终走在世界前列。1985年，英国皇家学会发布的《公众理解科学》报告，正式将科技传播确立为一门学科，极大地提升了学界和业界对科技传播重要性的认识。因此，英国的经验非常值得深入研究和借鉴。进入20世纪80年代，英国高校在科学传播领域迈出重要一步，纷纷设立专门的科学传播硕士专业。这一创新举措旨在为社会精心培养一批具备专业素养的科技记者、科技编辑以及科技公共政策顾问等人才，以满足社会对科学传播领域专业人才日益增长的需求。经过多年的深耕与发展，英国已成功构建起一套紧密贴合国家需求的科技传播人才培养体系①。

与此同时，美国作为科技事业发达、传媒业兴盛、高校发展快速的国家，其科技传播领域起步较早，体系也较为完善。基于此，本章将选取QS排名靠前且开设科技传播相关专业的帝国理工学院、伦敦大学学院、斯坦福大学、麻省理工学院、纽约大学作为案例，深入剖析英美两国在科技传播人才培养上的独特之处，以期为我国科技传播人才培养工作提供有益参考。

帝国理工学院的"科技传播"专业隶属于语言、文化、传播中心(Center for Language, Culture and Communication)。该专业对申请者的背景有明确要求，规定至少获得二等一荣誉学位及以上，且是在科学或相关专业中完成，凸显了帝国理工学院对科学基础的重视。伦敦大学学院的"科技传播"专业则设立在数学与物理学院(Faculty of Mathematical and Physical Sciences)，招生范围不仅涵盖理工科学生，还向科学、人文社科以及艺术专业的学生开放，体现了该专业跨学科的包容性。斯坦福大学的"科技社会学"专业隶属于人文社科学院(School of Humanities and Sciences)，设有风险传播、生命科学与健康、公共政策等

① Trench B. Vital and vulnerable: science communication as a university subject [M]// Schiele B, Claessens M, Shi S. Science communication in the world: practices, theories and trends. Dordrecht: Springer, 2012:241 - 257.

七个分支方向，为有志于从社会学角度研究科技发展的学生提供了多样化的选择。麻省理工学院的“科技社会学”专业则设在人文社科学院(School of Humanities, Arts, and Social Sciences)的历史、人类学、科技社会学系(HASTS)之下，该专业接纳理工科或社科背景的学生，通过跨学科融合，助力学生从多个维度理解和分析科技问题。纽约大学的“科技、健康、环境传播”专业隶属于艺术与科学学院(College of Arts & Science)，这一专业的开放性非常强，欢迎所有专业背景的学生报考，旨在培养具有跨学科视野的科技传播人才(见表1-4)。

表1-4 各高校科技传播相关专业院系设置与入学要求

学校	所属院系	入学要求
帝国理工学院	语言、文化、传播中心	至少获得二等一荣誉学位，且是在科学或相关专业中完成
伦敦大学学院	数学与物理学院	欢迎自然科学、人文社科、艺术专业
斯坦福大学	人文社科学院	无特殊要求
麻省理工学院	人文社科学院	对理工科、社科学生开放
纽约大学	艺术与科学学院	专业背景不限

纵览这五所大学的科技传播专业课程设置，我们可以发现以下三个显著的共同点：首先，这些专业都极为注重培养学生对科学的深度理解和认知能力；其次，均将表达能力和演讲技巧的训练视为重要的教学内容；最后，不仅要求学生掌握传播学的基础理论和知识，还强调其必须具备一定的科学知识和素养，以便能有效地向公众传播科学知识(见表1-5)。

表1-5 各高校科技传播相关专业核心课程

学校	核心课程
帝国理工学院	科学与社会背景
	科学的媒体呈现
	科学传播实践项目

（续表）

学校	核心课程
伦敦大学学院	全球化视角下的科学传播
	公众参与科学
	科学传播与社会公平
	科学传播的广播电视实践
	科学传播的写作实践
	科学传播的数字媒体技能
斯坦福大学	饮食的文化政治：技术、历史与公平
	宇宙与美国想象
	算法政治
	硅谷十讲
	媒体，技术与身体
	科学社会学
	数字社会
麻省理工学院	科技社会学概论
	环境争议
	种族、历史与环境
	科技与公共政策
纽约大学	写作与报道工作坊
	科技、健康、环境传播中的常见话题
	科技调查新闻
	田野调查
	科技新闻写作

首先，这五所大学均高度重视科学知识的积累与科学素养的培养。从入学要求和课程设置能清晰看出，拥有科学相关学位的学生往往更受青睐。以伦敦大学学院为例，其“科技传播”专业设立在数学与物理学院之下，充分体现了该校对学生科学知识和素养的重视。这五所院

校均将科学知识学习列为必修课程,确保学生具备扎实的科学基础。斯坦福大学的"科技社会学"专业更是根据学生自身兴趣分流到不同的方向,让他们专攻某一科学领域,为未来的专业实践筑牢根基。这种跨学科的融合和深度的科学知识学习,目的在于使学生能够在科技传播领域发挥更大作用。

英国帝国理工学院在这方面表现得尤为突出。自 1991 年起,英国公众理解科学领域的先驱约翰·杜兰特开创了一项具有里程碑意义的科学传播硕士培养项目。该项目独具特色,不仅把科学与社会的学术反思与前沿创新项目紧密结合,以培养能胜任社会各个领域科学传播工作的实践者为目标,而且强调将专业性反思与实际行业实践相融合,致力于培育出既能在关键时刻为科学发声,又能保持质疑态度、深入探究科学在社会中角色的卓越科学传播者[①]。

其次,这五所院校都极为重视学生的表达能力和演讲技巧。在所开设的相关课程中,无不将培养学生流利的表达能力和出众的演讲技巧作为重要目标之一。在英国的高等教育体系中,对于科学传播教育的重视已经发生了显著的转变。这种转变体现在不再局限于传统的科学文本写作范畴,而是更加聚焦于实践动手能力的培养,朝着更全面、多维度的传播技能发展。这一转变在课程内容上体现得淋漓尽致,使得学生们能够获得更为丰富和实用的技能,以适应科学传播领域的多元化需求。除了传统的科学文本写作,课程内容还涵盖了视频制作、电视纪录片和科技电影拍摄,以及科技展馆的设计和科学活动的策划等多个方面。这种多样化的课程设计,充分展现了英国科学传播专业对培养学生立体化、多层次科学传播技能的重视。通过这样的教育模式,学生能够全面掌握各种传播技巧,从而更好地应对不同领域中的科学

① 牛桂芹,李焱.国外高校科学传播人才培养的典型经验及对我国的启示[J].科普研究,2021,16(6):32-41,96,113.

传播挑战①。

最后,各个高校在学生技能培养方面各有侧重。例如,帝国理工学院特别重视学生在不同媒介上呈现和传播科学的能力,为此开设了多种科学表达形式的课程,包括纪录片制作、短篇小说创作、博物馆展览设计以及声音叙述等,为学生提供了丰富的选择。伦敦大学学院则侧重于培养学生的多媒体传播技能,不仅涉及传统的报纸、广播与电视领域,还涵盖新媒体时代的数字技术应用。而纽约大学更专注于培养报纸和通讯社方面的人才,专门设置了新闻写作与报道工作坊、科技新闻写作等实践课程,旨在提高学生的文字表达和呈现技巧。

综上所述,国外科技传播专业在课程设置时,除了必要的理论知识储备,也十分重视如何有效地呈现和传播科学信息,以及如何感染受众。这些高校通过不同的课程设置和教学方法,努力培养具备多样化传播技能和实践能力的科技传播人才(见表1-6)。

表1-6　各高校科技传播相关专业课程设置

学校	传播技能培养
帝国理工学院	纪录片制作
	短篇小说创作
	博物馆展览设计
	声音叙述
伦敦大学	文字写作
	视听呈现
	数字技术运用
麻省理工学院	学术写作

① 杨正.英国典型高校科学传播硕士专业课程设置情况调查与分析[J].科普研究,2020,15(4):76-83,108-109.

(续表)

学校	传播技能培养
斯坦福大学	交互设计
	编程
	手机摄影
	数字建模
	数据处理
纽约大学	写作
	数据挖掘
	编程

此外,在科技传播人才培养方面,英美高校十分注重学生的人文素养和社会关怀意识。除了要求学生掌握必要的理论知识和专业技能,这些高校还着重培养学生的人文素养和人文关怀精神,引导他们深刻认识科技与社会之间错综复杂的矛盾关系。同时,高校也致力于培养学生关注社会、关心人类知识传承和社会进步的情怀。如表 1-7 所示,这些院校更倾向于将公众和传播者置于一个平等的地位,鼓励公众参与科学活动,并深入探讨技术社会中的人文精神内涵。这种人才培养方式更加贴近大学的育人宗旨,培养出既具备专业科技传播能力,又拥有深厚人文素养和强烈社会责任感的复合型人才。

表 1-7　各高校科技传播相关专业代表课程介绍

学校	课程	课程介绍
帝国理工学院	科学与其社会背景	探讨当下围绕科学及其在世界中地位的争议,并思考公共领域的科学知识引发争议的原因
伦敦大学学院	科技传播与社会公平	通过研究科学传播实践中的一系列真实案例,反思科学传播在塑造身份、知识和世界认知方面的作用,探寻能有效推动社会变革和社会正义的传播科学因素

（续表）

学校	课程	课程介绍
麻省理工学院	科技与人类权益	探讨科学和技术与长期以来人权观念的关系，包括在历史上如何借助科学和技术来捍卫人权，并在暴行发生后如何助力追求真相和正义。研究历史、人类学、法律等相关领域文献，探究科学和技术如何在历史进程中塑造人们对人权的理解，以及人权框架如何影响科学和技术能力的创造和使用
斯坦福大学	算法政治	介绍影响算法构建、制度化和使用的社会和文化力量。在此过程中，探索算法与现代化、权力以及不平等这些政治问题之间的关联
纽约大学	新闻伦理	着重强调在报道科学、健康和环境新闻时所面临的特殊困境以及需要做出的独特道德决定。美国宪法第一修正案、诽谤、审查制度（包括自我审查）、透明度和道德决策是本课程的关键议题

在审视我国科技传播人才培养现状时，不难发现，不少高校和研究所已开设了具有代表性的相关专业。国内众多知名高校纷纷设立与科技传播紧密相关的专业或研究中心，如中国科学技术大学的科技传播系、北京大学的科学传播中心，还有清华大学的“科技传播与普及研究中心”等。这些机构致力于培养具备全方位科技传播能力的专业人才，以满足社会对科技传播领域日益增长的需求①。

尽管培养队伍在持续壮大，但过程中也逐渐显露出一些问题。高文娟和任秀华对六所首批科普人才培养试点高校的科普硕士毕业生展开问卷调查后发现当前人才培养主要存在两大问题。

其一，毕业生普遍反馈，在数字化时代背景下，当前课程体系相对滞后，缺乏与当下技术发展和科普行业实际需求紧密相关的课程。这

① 高文娟，任秀华. 我国高层次科普专门人才的培养现状与反思：基于首批试点高校科普硕士毕业生调查的实证分析[J]. 科普研究，2021，16(6)：9-17，24，112.

突出反映了课程体系在适应技术进步和行业需求方面急需改进。

其二,科普硕士培养环节中的教育学科痕迹明显,致使培养方向逐渐偏向科普教育。令人遗憾的是,毕业后真正从事科普教育工作的毕业生数量并不多,造成了科技传播人才的严重流失。这些问题警示我们,在扩大科技传播人才培养规模的同时,还需要密切关注课程体系的更新与完善,以及培养方向的合理定位,以确保培养出的科技传播人才能够真正满足社会需求①。

针对我国科技传播人才培养实际中所遇到的问题,不妨借鉴英美国家的人才培养经验。一方面,应顺应数字化时代需求,及时更新课程设置和专业技能培养,确保学生所学内容能够紧跟技术发展潮流,贴合就业市场的实际需求。另一方面,可以参考帝国理工学院等高校的培养方向设置,增加多样化培养方向,降低必修课程比重,给予学生更大的发展自由度和选择空间,进而培养出更具多元性和创新性的科技传播人才。如此,才能更好地应对科技传播领域的挑战,为社会培养出更多优秀人才。

第三节　国内外对科技传播意义的认识

科学传播的顺利推进,离不开科学传播政策的引导和支持。政策制定者对科学传播使命的深刻认识,直接决定了科学传播实践的内容重点、执行机制以及效果评估手段。目前,发达国家普遍高度重视科学传播,通过确立长期的政策目标来保障科学传播的系统性和持续性。自 20 世纪 90 年代起,我国也积极推动科普事业的发展,规划和实施了

① 高文娟,任秀华.我国高层次科普专门人才的培养现状与反思:基于首批试点高校科普硕士毕业生调查的实证分析[J].科普研究,2021,16(6):9-17,24,112.

一系列法规政策。这些政策的出台，初步搭建起一个涵盖国家、部门及地方三个层级的全面科普政策体系，为我国科普事业的稳健发展打下了坚实基础。这一体系的形成，促使我国科普事业朝着更加规范化、系统化的方向迈进，为科学知识的普及和传播营造出更加良好的环境。

本节的主要目的是梳理发达国家的政策性文件，归纳和总结其共通的制定理念、执行机制以及效果评估方法，并与我国的实际情况进行对比分析。期望通过这样的研究，为我国科学传播政策的制定和完善提供有益借鉴，进一步推动我国科学传播事业的发展。

一、国际社会对科技传播意义的认识

参考不同国家在不同阶段出台的科学传播政策，能发现这些政策在侧重点和核心理念上存在差异，且带有鲜明的国家特色。尽管各国社会背景和出发点各不相同，但在全球范围内，科学传播政策的制定理念达成了三个核心共识。首先，各国均力求增进公众对科学的理解，强调从科学与社会互动的视角出发，推动科学知识的普及和应用。其次，科学传播被视为培养未来科技人才的重要途径，通过向公众传播科学知识，为国家储备科技人才资源。最后，各国普遍将科学传播纳入国家发展战略的重要组成部分，着力培育科学文化，提升全民科学素养。这些理念共同构成了科学传播政策制定的基本框架，为各国推进科学传播事业的持续发展和提升，提供了重要指引①。

英国作为近代科学革命和工业革命的发源地，同时也是传统科普的诞生地，其科学传播政策尤为注重科学与社会之间的紧密互动。这些政策的核心，在于构建并推动科学家、公众和政策制定者之间的有效合作。2000 年，英国贸工部发布的《卓越与机会：21 世纪的科学与创新

---

① 赵玉龙，鞠思婷，郭进京，等. 发达国家科学传播政策分析以及对我国的启示[J]. 科普研究，2022，17(3)：72－82，104，109.

政策》白皮书明确指出，让公众了解最新科学发展并参与相关价值讨论至关重要，目的是借此加深公众对科学的信任。2008年，英国商业、创新与技能部（BIS）发布的《科学与社会的愿景：对英国新战略开发的咨询》报告，描绘了一幅“科学与社会”共融发展的宏大画卷。该蓝图不仅意在激发公众对科学的热爱和热情，还着重突显科学在推动社会与经济稳健发展中的核心地位。它鼓励公众以更加自信、积极的态度接触、理解和运用科学，以实现科技与社会的和谐共生。

此外，政策高度重视构建科学家、公众与政策制定者之间的新型关系，以促进三方有效协作与互动。为达成这一目标，相关政策着重强调成功的科学传播实践的重要性，大力倡导对这些实践予以认可与奖励。这一举措旨在树立典范，激发更多创新的科学传播活动，从而有效提升公众参与科学的热情和深度，拓展科学传播的广度和影响力①。英国上议院科学技术特别委员会在其发布的《科学与社会》报告中，提出了“公众参与科学技术”（简称 PEST）这一创新战略。该战略的核心在于将科学家与公众的交流方式，由传统的单向传播转变为双向沟通。其目的是营造积极、开放的文化氛围，鼓励公民更积极地参与科学技术的发展过程和应用决策。通过实施这一战略，英国期望能够显著提升公众对科技领域的关注度和参与度，进而促进科技与社会的深度融合②。

同英国相仿，澳大利亚的科技传播政策同样致力于打造科技与社会之间的良性互动关系。澳大利亚政府发布的《激励澳大利亚》文件，其核心战略目标聚焦于提升国家的科学参与度，以激发全社会对科学的热忱，并确立科学在国家发展中的核心地位。这份文件的主要意图在于吸引那些尚未深度涉足科学领域的人群，点燃国内外对科学的广

① 杨娟. 中英美澳科学传播政策内容及其实施的国际比较研究[D]. 重庆：西南大学，2014.

② 赵玉龙，鞠思婷，郭进京，等. 发达国家科学传播政策分析以及对我国的启示[J]. 科普研究，2022，17(3)：72-82，104，109.

泛热情，鼓励公民和社区运用批判性思维参与关键科学议题的探讨。同时，通过表彰科学成就，增强澳大利亚国民的民族自豪感，提升国家的国际地位。文件进一步勾勒出一个愿景，即充分发掘澳大利亚在科学领域的巨大潜力，借助科学及其应用的广泛传播，构建一座稳固且开放的科学与社会之桥。此外，公众意识提升与参与计划也是其中的重要内容，通过提供均衡、真实的科学信息，助力公众在面对新兴技术时能够做出更为明智、理性的决策①。

美国在科技领域具有显著的先发优势和强大的创新能力，其科技传播政策历经显著演变。自19世纪起，政策焦点始终围绕"科技知识的实用性"，强调其在日常生活中的实际应用价值。然而，随着时间的推移，政策方向在20世纪开始发生转变，更多地关注"科学与社会的关系"，逐渐意识到科学不只是技术工具，更是推动社会进步的重要力量。进入21世纪后，这一转变愈发显著，政策开始"注重公民科学素质建设的人本性"，将科学教育视为提升公民科学精神、培育创新能力的重要途径。在美国政策的演变过程中，实现了从"实用主义"到"以人为本"的深刻变革。从最初单纯强调对实用科技知识的掌握，发展到如今更加注重培养公民的科学精神，这种转变体现出对科学教育理解的深化和拓展。同时，美国积极倡导"做中学"和"创中学"的教育理念，鼓励公民通过实践和创新来加深对科学的理解，提升科学素养，为国家的科技进步和社会发展提供有力支持②。

在此过程中，美国的科学传播政策始终着眼于科技人才的培养，以提升综合国力。政策注重科技知识的实用性，特别强调青少年和中青年科技人才的发展，并在STEM（科学、技术、工程和数学）领域着力培

① 杨娟. 中英美澳科学传播政策内容及其实施的国际比较研究[D]. 重庆：西南大学；2014.

② 中国科普研究所. 美国公民科学素质建设经验[EB/OL]. [2019-07-02]. http://www.crsp.org.cn/xueshuzhuanti/yanjiudongtai/0615225R018.html.

养后备人才。这一政策在促进国民科学素质和推动本国科技发展方面发挥了引领作用。

美国政府颁布的《21世纪准备法》致力于推行一系列精心设计的措施，旨在充分应对新时代的挑战。该法案的核心目标是将学生培养成具备批判性思维和卓越问题解决能力的个体，使其成为出色的沟通者，并拥有团队协作、创造和创新的卓越能力，助力学生在各类环境中脱颖而出，成为引领未来的佼佼者。为实现这些目标，《21世纪准备法》对《1965年初等和中等教育法案》进行了重要修订，强化面向21世纪的教育准备。修订后的举措将核心学科知识与高阶思维能力，如批判性思考、问题解决、有效沟通、团队协作、创造力及创新等深度融合，确保这些能力在日常课程标准、教学方法以及评估体系中得到全面体现和有效培养。如此一来，学生完成中学学业后，不仅能掌握扎实的学科知识，还具备进一步学术深造和开启职业生涯所需的关键能力①。

1985年，美国科学促进会（AAAS）启动了一项名为"2061计划"的重要项目。该项目专注于科学技术领域中青年人才的培养，为其提供全面的发展和成长机会。进入21世纪，美国在政策上更加注重以人为本，从单纯关注青少年科学素养，逐渐转变为关注全社会公民的科学素养。2013年，美国科学教育领域迎来了一个重要里程碑。当年，26个州联合国家科学教师协会（NSTA）、美国科学促进会、国家研究理事会（NRC）以及非营利机构Achieve，共同制定并颁布了具有划时代意义的《新一代国家科学教育标准》（NGSS）。这份标准大力倡导科学教育应打破界限，以多元化形式惠及每一位公民，确保人人都能享受科学教育的成果。

2018年，白宫科技政策办公室进一步深化这一理念，发布了另一

① 杨娟．中英美澳科学传播政策内容及其实施的国际比较研究[D]．重庆：西南大学，2014.

份具有深远影响的战略规划——《规划成功之路：美国的 STEM 教育战略》。该战略进一步强调了 STEM(科学、技术、工程和数学)教育的重要性，并为其在美国的普及和发展指明了方向。这份五年战略规划明确承诺，要让每一位美国公民都有机会学习并掌握基础 STEM 知识，为他们未来的成功奠定坚实的基础①。总体而言，在美国联邦政府的推动下，科学传播活动聚焦于两大核心领域：一是普及大众科学传播，二是深化科学教育。在深化国民科学教育的过程中，美国政府尤为重视科技领域人才的培养，致力于为国家科技创新和发展储备优秀人才②。

在制定科学相关政策的过程中，除了要重视科学与社会之间的紧密联系、充实科技人才库之外，还需特别关注科学在直接与公众互动，且不直接关联教育或人才培养时的表现形式。在这种情况下，科学通常以科学素质或科学文化的形式体现在政策之中，目的是确保公众充分理解和欣赏科学的价值，促进科学与社会和谐共生。此类政策旨在搭建一座桥梁，增进公众与科学之间的交流与理解。以日本为例，为推动社会持续发展，文部科学省在《科学技术基本法》中明确，国家将采取切实举措，加强学校教育和社会教育中的科学技术学习，广泛普及科学技术知识。这一做法意在让青少年及广大国民能抓住各种机会，加深对科学技术的认知与关注。这种政策理念强调，公民作为科学技术进步的最终受益者，应提升参与科学技术决策的能力，从而推动符合社会需求的科学技术活动蓬勃发展③。

综合上述三种制定科学传播政策的核心理念，可以发现发达国家的政策制定在不同程度上体现了这些理念，并依据本国不同时期的发

---

① 刘克佳. 美国的科普体系及对我国的启示[J]. 全球科技经济瞭望，2019，34(8)：5－11.

② 赵玉龙，鞠思婷，郭进京，等. 发达国家科学传播政策分析以及对我国的启示[J]. 科普研究，2022，17(3)：72－82，104，109.

③ 黄时明. 科学传播导论[M]. 上海：华东理工大学出版社，2010.

展需求,动态调整政策侧重点。这些政策旨在通过科学传播,增进公众的科学理解、储备科技人才、营造科学文化氛围,最终服务于社会的全面发展(见表 1-8)。

表 1-8 各国对科技传播使命的认识

国家	规划或文件	科技传播使命
英国	《卓越与机会:21 世纪的科学与创新政策》白皮书	建立科学与公众之间的良好关系
	《科学与社会的愿景:对英国新战略开发的咨询》	培养公众对科学的兴趣,提高公众参与质量和水平
		培养科学文化
		建设科学劳动力队伍
		建立科学家、公众和政策制定者的新关系,促进提高决策科学水平
	《科学与社会》报告	营造公民科学技术发展和应用决策的文化氛围
美国	《21 世纪准备法》	培养批判性思维和问题解决技能
		培养创造创新精神
	《1965 年初等和中等教育法案》	培养青少年批判思维
	"2061 计划"	培养科技中青年人才
	《新一代国家科学教育标准》	科学教育应当以不同形式面向所有人
	《规划成功之路:美国的 STEM 教育战略》	确保每个美国人都有机会掌握基本的 STEM 知识
澳大利亚	《激励澳大利亚》	提高公众对科技的了解,提高公众对科技的参与
		激发澳大利亚人的民族自豪感,提升国际影响力,建立科学与社会之间牢固和开放的关系
日本	《科学技术基本法》	提升公民参与科学技术决策的能力
		公民是科学技术发展的最终受益者

二、中国对科技传播意义认识的变化

自 20 世纪 90 年代起，“科技传播”在中国引发广泛讨论并逐渐受到重视，随后广泛应用于学术研究和实践中，成为提升中国公民素质、推动科学技术普及事业的重要组成部分。进入 21 世纪，中国将科技传播事业纳入多项国家级规划和政策法规，为其发展提供了坚实的政治支持和明确指导。这些规划和政策不仅规范了科技传播工作，还极大地促进了科技创新和产业发展，彰显了中国政府对科技传播使命的深刻认识和高度重视。本小节将通过介绍相关规划与政策法规内容，带领读者深入了解中国对科技传播使命的认识历程和发展轨迹。

《国家科学技术普及“十二五”专项规划》将“公民科学素质提高”作为“十二五”期间科技传播的使命。该规划明确提出，“到 2015 年，实现我国公民科学素质的显著提高，使我国公民具备基本科学素质的比例超过 5%，达到世界主要发达国家 20 世纪 90 年代中期的水平。国家科普能力明显增强，科普事业发展的基础设施、政策法规、条件保障、监测评估等体系进一步完善”①。

这一规划准确定位了我国当时的科技传播现状，并设定了具体目标，即“使我国公民具备基本科学素质的比例超过 5%”，目标指向发达国家 20 世纪 90 年代中期的科普水平。然而，需要注意的是，尽管规划强调加强科普能力建设、促进科普内容建设、完善科普服务体系等方面，但在这一阶段，我国科技传播事业与发达国家相比仍较为落后，存在一定的差距。

《“十三五”国家科普与创新文化建设规划》将“提升全民科学素质整体水平，科学精神进一步弘扬，营造创新氛围”作为“十三五”期间科

① 中华人民共和国科学技术部. 国家科学技术普及“十二五”专项规划[EB/OL]. [2020-09-27]. https://most.gov.cn/tztg/201205/W020120509533279533876.pdf.

技传播的使命。该规划提出,“到 2020 年,科学精神进一步弘扬,创新创业文化氛围更加浓厚,以青少年、农民、城镇劳动者、领导干部和公务员、部队官兵等为重点人群,按照中国公民科学素质基准,以到 2020 年我国公民具备科学素质比例超过 10%为目标,广泛开展科技教育、传播与普及,提升全民科学素质整体水平。国家科普研发、创作能力和科学传播水平显著提高,科普基础设施体系基本形成,科普基地布局更加合理,科普体制机制进一步优化,公益性科普事业和经营性科普产业统筹协调发展,关注创新、服务创新、支持创新、参与创新的良好社会氛围基本形成”①。

该规划蕴含了两个核心观点:其一,明确将培养创新人才作为科技传播的核心任务之一,将提升创新能力作为科普工作的关键内容。该规划中首次明确了弘扬科学精神时需要重点关注的对象,使这一观点得到具体体现。其二,把“营造创新氛围”当作科普工作的重要目标。显著的表现是:将“我国公民具备科学素质比例”的目标在“十二五”规划的基础上提升至了 10%,以此推动全社会形成浓厚的创新氛围。

《全民科学素质行动规划纲要(2021—2035 年)》将“科学精神在全社会广泛弘扬,崇尚创新的社会氛围日益浓厚,社会文明程度实现新提高”作为“十四五”期间科技传播的使命。规划设定了具体目标:“2025 年目标:我国公民具备科学素质的比例超过 15%,各地区、各人群科学素质发展不均衡明显改善。科普供给侧改革成效显著,科学素质标准和评估体系不断完善,科学素质建设国际合作取得新进展,‘科学普及与科技创新同等重要’的制度安排基本形成,科学精神在全社会广泛弘

---

① 中华人民共和国科学技术部.“十三五”国家科普与创新文化建设规划[EB/OL].[2020 - 09 - 27]. https://most. gov. cn/xxgk/xinxifenlei/fdzdgknr/fgzc/gfxwj/gfxwj2017/201705/t20170525_133003. html.

扬，崇尚创新的社会氛围日益浓厚，社会文明程度实现新提高。”①

“2035 年远景目标：我国公民具备科学素质的比例达到 25%，城乡、区域科学素质发展差距显著缩小，为进入创新型国家前列奠定坚实社会基础。科普公共服务均等化基本实现，科普服务社会治理的体制机制基本完善，科普参与全球治理的能力显著提高，创新生态建设实现新发展，科学文化软实力显著增强，人的全面发展和社会文明程度达到新高度，为基本实现社会主义现代化提供有力支撑。”②

与以往的规划相比，这份纲要的视角更为宏观，深入关注科技传播在整个社会层面的目标与意义，对我国科技创新提出了更高要求。它不仅持续致力于提升我国公民的科学素质比例，还将重点放在科学精神在全社会的广泛弘扬、社会文明程度的提升以及创新氛围的营造上。此外，纲要还将科技传播与“基本实现社会主义现代化”紧密联系在一起，凸显了科技传播在社会主义现代化进程中的核心地位，充分体现了国家对科技传播事业的重视和期待(见表 1－9)。

表 1－9　中国对科技传播使命的各阶段认识

时期	对科技传播使命的认识
“十二五”	提高公民科学素质
“十三五”	提升全民科学素质整体水平
	科学精神进一步弘扬
	营造创新氛围
“十四五”	科学精神在全社会广泛弘扬
	崇尚创新的社会氛围日益浓厚
	社会文明程度实现新提高

① 国务院. 全民科学素质行动规划纲要(2021—2035 年)[EB/OL]. [2020－09－27]. http://www.gov.cn/gongbao/content/2021/content_5623051.htm.

② 国务院. 全民科学素质行动规划纲要(2021—2035 年)[EB/OL]. [2020－09－27]. http://www.gov.cn/gongbao/content/2021/content_5623051.htm.

当前，科技传播政策已成为中国近年来重点推广的政策之一。除了国家级宏观性政策法规外，北京和上海等备受关注的城市也相继颁布了与科技传播和普及紧密相关的政策纲要。在科技传播领域的政策和实践方面，北京和上海不仅存在诸多共同点，还展现出不少创新之处。接下来，以北京和上海为例，对两地的科技传播政策进行具体分析。

先看北京，作为我国的政治中心与文化中心，北京市颁布的科技传播政策在一定程度上发挥着引领风向、辐射全国的作用。这些政策影响力广泛，且整体更具辐射性和前瞻性。《北京市全民科学素质行动规划纲要(2021—2035 年)》将“提高公民科学素质、打造创新文化氛围，提高科技软实力”作为科技传播使命。该纲要提出：“科学素质是国民素质的重要组成部分，是社会文明进步的基础。公民具备科学素质是指崇尚科学精神，树立科学思想，掌握基本科学方法，了解必要科技知识，并具有应用其分析判断事物和解决实际问题的能力。提升科学素质，对于公民树立科学的世界观和方法论，对于增强科技自主创新能力和创新文化软实力、推动国际科技创新中心建设具有十分重要的意义。”①

“到 2025 年，北京市公民具备科学素质的比例达到 28%左右。城乡、区域和重点人群之间的科学素质差异不断缩小；首都科技科普资源优势有效释放，首都科普主平台作用充分发挥；科普供给侧改革成效明显，科学素质建设体制机制进一步完善；科普信息化建设取得明显成效；科普高端人才集聚，建立‘科研＋科普’协调发展机制，科普公共服务体系不断完善；落实科学普及与科技创新同等重要的制度安排基本形成，与科技创新相匹配的‘首都科普’影响力不断扩大，创新文化氛围

① 北京市人民政府. 北京市全民科学素质行动规划纲要(2021—2035 年)[EB/OL]. [2020 - 09 - 27]. https://www.ncsti.gov.cn/zcfg/zcwj/202203/t20220317_62943.html.

更加浓厚,率先构建科学素质建设高地。”①

“2035 年,北京市公民具备科学素质的比例达到国际创新型城市同等水平。公民科学素质的城乡、区域发展差异大幅缩小;科普信息化智慧化水平全国领先;科普公共服务均等化有效实现;科普服务社会治理的体制机制基本完善;创新文化软实力显著增强;公民科学素质和社会文明程度达到新高度,为基本实现社会主义现代化提供有力支撑。”②

由此可见,作为我国政治中心与文化中心,北京市的科技传播政策不仅反复强调科技传播在提升国民素质方面的重要性,还特地将公民科学素质比例目标设定在高于全国平均水平之上。此外,北京市的政策重点聚焦于科技传播的“均等化”,着力减少城乡、区域间的发展差异。在相关文本中,“首都科普”成为频繁出现的关键词。北京市积极打造首都科普主平台,还将科技传播与“科普中国网”紧密结合,把两者作为首都科普的主要阵地,全面辐射全国,充分展现了北京在全国科技创新中心建设中的担当和引领作用。

接下来看看上海市。作为我国经济中心,上海市的科技传播政策致力于推动科技与社会的深度融合,构建“体系化”结构,以此全面提升全社会的科技素养,进而促进社会经济与生产力的发展。例如,《上海市建设具有全球影响力的科技创新中心“十四五”规划》明确提出,将“提高公民科学素质、构建城市科学文化,科技服务创新发展”作为科技传播的重要使命。

“面向人的全面发展和城市文化软实力提升,着力提高公众科学素

---

① 北京市人民政府. 北京市全民科学素质行动规划纲要(2021—2035 年)[EB/OL]. [2020-09-27]. https://www.ncsti.gov.cn/zcfg/zcwj/202203/t20220317_62943.html.

② 北京市人民政府. 北京市全民科学素质行动规划纲要(2021—2035 年)[EB/OL]. [2020-09-27]. https://www.ncsti.gov.cn/zcfg/zcwj/202203/t20220317_62943.html.

质、构建城市科学文化,形成完备有效的科普供给体系,科普服务创新发展的作用更加突出,优质科普内容和服务供给更加充分,科普设施结构布局更加合理,科普体制机制更加优化,唯实、理性、求新的科学价值取向成为社会的普遍风尚,打造全国科普高质量发展的标杆。”①

“重点任务:①宣传科技创新。加强科技创新中心建设重大成就、原创成果、重大政策以及优秀科研机构、科技企业和创新创业人才团队的宣传报道。围绕集成电路、生物医药、人工智能等上海重点发展领域开展形式多样的科普宣传,推进科技奖励成果等高端科技创新资源科普化开发。建立健全面向公众的科技信息发布机制。②弘扬科学精神。加强以弘扬科学精神为主题的创作,运用多种文艺样式,推出一批内蕴深厚的优秀作品。系统采集、妥善保存科学家学术成长资料,深入挖掘科学家的精神内涵。继续办好‘执牛耳者’等综合效益高的科普品牌节目,讲好科学家、科技工作者的感人故事,大力弘扬新时代科学家精神。③倡导科学生活。围绕健康民生、公共安全、节能环保等公众关注热点,加强优质科普内容创制,开展主题鲜明的特色活动,提升公众应用科学知识改善生活质量的能力,促进全社会科学、文明、安全、健康生活方式的形成。建立完善科普应急响应机制,将科普与舆论引导、政策措施宣传相结合。”②

这一规划的出台,为上海市深入推进科技传播与科学普及工作提供了明确的政策指导,为科技与社会的深度融合奠定了坚实基础。在此指引下,上海市将围绕“宣传科技创新”“弘扬科学精神”和“倡导科学生活”这三大核心任务,持续提升公民科学素质,构建独具特色的城市

---

① 上海市人民政府.上海市建设具有全球影响力的科技创新中心“十四五”规划[EB/OL].[2020-09-27].https://www.shanghai.gov.cn/nw12344/20210928/5020e5fdf5ac4c6fb4b219da6bb4b889.html.

② 上海市人民政府.上海市建设具有全球影响力的科技创新中心“十四五”规划[EB/OL].[2020-09-27].https://www.shanghai.gov.cn/nw12344/20210928/5020e5fdf5ac4c6fb4b219da6bb4b889.html.

科学文化。同时，上海市将着力打造完备且高效的科普供给体系，优化科普设施的结构布局，推动科普服务创新发展，以此促进全社会科学文化的普及和科技素养的整体提升，努力成为全国科普高质量发展的标杆之一。北京市与上海市现阶段对科技传播使命的认识如表 1 - 10 所示。

表 1 - 10　北京市与上海市对科技传播使命的现阶段认识

城市	文件	对科技传播使命的认识
北京市	《北京市全民科学素质行动规划纲要(2021—2035 年)》	提高公民科学素质
		打造创新文化氛围
		提高科技软实力
上海市	《上海市建设具有全球影响力的科技创新中心“十四五”规划》	提高公民科学素质
		构造城市科学文化
		科技服务创新发展
		弘扬科技精神
		倡导科学生活

通过以上梳理不难发现，北京市和上海市都将“提升公民科学素质”作为科技传播的首要任务，但各自的侧重点有所不同。北京市更加侧重于科技传播事业在营造新的文化氛围、增强科技软实力方面的作用；上海市则更加强调科技传播在构建城市科学文化、助力创新发展、弘扬科技精神以及倡导科学生活等方面的积极作用。两地政策各有亮点，共同推动着我国科技传播事业蓬勃发展。

第二章

科技传播的国际模式:理论框架与实践模型

科技传播理论、模型与流派的发展演变,离不开对科技传播研究的深入探讨。整体来看,国外在科技传播研究方面比国内更为成熟。国外研究呈现出多元理论视角,在科技传播理论创新上成果斐然;国内研究则多集中于学科综述和深化前人研究,在发掘新视角、开发全新理论方面有所欠缺。

在科技传播研究领域,研究者指出存在两大主要学术传统:科学社会学和实证传播科学。科学社会学传统下的科学传播研究,关注科学与社会之间的紧密联系,主要探究科学技术进步如何影响社会结构变迁。这一研究视角敏锐地捕捉到科学传播中的权力分配与地位不平等问题,试图打破科学共同体在传播中的权威地位,搭建公众与科学家平等对话的平台。其突出贡献在于确立了公众参与科学模式在科学传播中的核心地位,强调科学传播过程中应更加注重公众的参与和反馈,以推动科学知识普及和科学精神传承①。

实证的科学传播研究则深受心理学影响,主张有效的科学传播必须建立在对受众深刻洞察的基础上。这一研究流派倡导以个体需求和认知特

---

① 杨恒,金兼斌.科学资本:概念、测量与公众参与科学研究[J].科学学研究,2022,40(10):1737-1744.

性为核心的科学传播策略，即“科学传播的科学”（science of science communication）。这种方法论旨在精准把握受众需求、提升受众认知水平，增强科学传播实际效果，促进科学知识广泛传播和科学精神深入普及[①]。它本质上是一种效果范式，注重科学传播的实际效果和受众反馈。

经过长期深入探索，实证科学传播领域已识别出31个核心社会心理变量，涵盖信任、知识水平、风险感知以及收益预期等方面，这些变量显著影响公众如何对新兴技术的看法。这些发现极大丰富了科学传播研究的理论工具，构建了多样研究模型，为深入理解和分析公众科学认知以及态度形成过程，提供了坚实的支撑和有效分析工具[②]。需要着重指出的是，科学传播效果研究与对科学传播过程的批判并非相互排斥，而是相辅相成的。前者通过严谨量化研究方法，为批判性学者观点提供了实证依据，进一步夯实了科学传播领域的理论基础；后者借助质化研究深入剖析，为科技态度归因研究增添了丰富的考查变量，提供了更为细腻和全面的分析视角。两方面研究相互补充，共同推动科技传播领域不断发展完善。

在简单梳理了科技传播的国内外差异和学术传统后，下文将详细介绍实证研究中的科技传播宏观领域、基本理论、科技传播模型，并对当前的热门科技传播研究议题进行归纳，为读者提供有价值的参考。

第一节　国际科技传播的宏观领域

实证的科技传播研究在一定程度上受到心理学的影响，但并未完

① 杨恒，金兼斌. 科学资本：概念、测量与公众参与科学研究[J]. 科学学研究，2022，40(10)：1737－1744.

② 贾鹤鹏，苗伟山. 科学传播、风险传播与健康传播的理论溯源及其对中国传播学研究的启示[J]. 国际新闻界，2017，39(2)：66－89.

全脱离传播学的研究框架。在这一框架内,传播者、传播内容、传播渠道、传播受众以及传播效果依然是研究者关注的重点。为了更精准地分析受众特征,有效提升科学传播效果,学者们积极运用社会学、社会心理学、传播学等领域的理论,深入探究传播者与受众之间的互动关系以及个体特征。在研究过程中,他们持续创新理论,逐步构建起科技传播领域独特的概念和理论体系。

宏观的科技传播理论研究,大致可以分为以下三大类。

"说服理论视角下的科普研究":这一类别主要关注如何运用说服技巧和策略,提升科普内容的传播效果和公众接受度。

"环境传播视角下的气候变化研究":在这一类别中,研究者从环境传播视角出发,探讨气候变化信息的传播机制、公众对气候变化的认知与态度,以及如何借助科学传播推动环境保护。

"风险社会视角下的新兴技术接受和风险感知研究":此类研究关注新兴技术在风险社会中的传播特点,分析公众对新兴技术的接受程度、风险感知及其产生的社会影响。

在微观层面,具体的科技传播理论和概念大致可分为两大类。

(1)"受者研究中的理论与概念":涵盖对受众特征、需求、认知结构、信息处理能力等方面的研究,目的是深入理解受众在科技传播过程中的心理和行为。

(2)"传者研究中的理论与概念":这一类别则关注传播者的角色、行为、传播策略以及传播过程中的互动关系,旨在提升传播者的专业素养和传播效果①。

科技传播的受者研究主要聚焦于三个维度:受众对信息的接受程度、对科学传播的参与意愿或实际参与行为,以及受众的社会心理特征

---

① 王毅,方娅南.科技传播与科学传播实证研究综述:视角及发现[J].科技传播,2022,14(14):44-48.

和科学素养。这一领域常见的理论和概念包括使用与满足理论、科学资本、理性行为理论以及技术接受和使用统一理论（UTAUT）。

值得注意的是，尽管这些理论大多源于传统的受众理论和研究模型，但并非简单照搬。科学传播本质上属于传播行为，其受众研究与传统传播学自然有很高的相似性。然而，随着科学传播范式从传统的传者中心范式向传受互动范式转变，研究者开始更加深入地关注受众的心理状态和行为特征。因此，社会心理学和行为学的理论逐步被引入，为科技传播的受者研究提供了更为丰富的视角和方法。

总体而言，当前科技传播的受者研究在方法和理论上与传播学的受者研究存在一定相似性，并且两者不断相互借鉴、共同创新，以应对科学传播领域的新发展和新挑战。

在科技传播的传者研究领域，研究者们主要聚焦于多样化的传播群体，其中以科学家为代表的科技工作者在科技传播的整个链条中占据着举足轻重的地位，对信息的传递和接受起着至关重要的作用。他们凭借深厚的专业知识和独到见解，承担着将科学研究成果准确、有效地传递给公众的重要职责。

作为传播者，科学家不仅是科学知识的传递者，更是科学精神与科学态度的倡导者，对科技传播的效果和质量起着决定性的作用①。针对以科学家为代表的这一群体，实证研究数量相当可观。大量研究文章从传播者角度出发，借助问卷调查等方法，深入探究科学家的科学传播意愿、实际参与程度，以及影响他们参与科学传播活动的各类因素。这些研究提供了丰富的数据和见解，有助于我们更好地理解科学家在科技传播中的角色和影响力②；同样，有研究专注于评估科学家在公众中的信任程度，并深入探究影响这种信任度的各种因素。这些研究揭示

① 何亭．科学传播下科学家的作用[J]．人力资源管理，2015(6)：197－198.

② 金兼斌，吴欧，楚亚杰，等．科学家参与科学传播的知行反差：价值认同与机构奖惩的角度[J]．新闻与传播研究，2018，25(2)：20－33，126.

了科学家与公众之间信任关系的复杂性,为建立更加稳固的信任基础提供了重要参考①;为增强研究的理论指导意义,众多学者引入计划行为理论、预设媒介影响理论、公平理论等学术工具,深入探讨和研究科学家与受众之间的交互传播关系。这些理论框架为理解科学家在科技传播中的角色和受众的接受机制提供了有力的分析工具。

为帮助读者全面认知科技传播领域的理论,接下来将介绍具有显著科学传播研究特色、能充分体现科学传播学科特性的理论,为读者构建一个更为系统、深入的理解框架。

一、说服理论与健康科普

第二次世界大战期间,霍夫兰受邀研究军内教育电影对提升美国士兵士气的作用与效果。战后,他回到耶鲁大学,主持了“传播与态度改变”课题,并提出了著名的“说服理论”。这一理论在健康知识普及和传播领域的研究中占据重要地位。因为学者们普遍认识到,人们仅仅掌握健康知识,并不足以直接促使其采取积极的健康行为。这意味着在普及健康知识时,还需要关注如何有效地传播这些信息,以及如何激发人们的动力,促使他们将知识转化为实际行动。例如,尽管人们都知晓吸烟有害健康,但仍有不少人继续吸烟。因此,健康知识的传播必须超越“让受众知晓”层面,而应具备“改变受众行为”的说服力。有关健康知识说服性作用的研究,常处于“健康传播”与“科技传播”研究的交汇地带,其议题涵盖健康教育、健康行为改变、公众参与公共卫生决策以及媒体效果等多个方面②。

在健康传播领域,媒体效果研究取得了显著进展。国外多年广泛

---

① 向倩仪,楚亚杰,金兼斌. 公众信任格局中的科学家:一项实证研究[J]. 现代传播(中国传媒大学学报),2015,37(6):46-50.

② 贾鹤鹏,苗伟山. 科学传播、风险传播与健康传播的理论溯源及其对中国传播学研究的启示[J]. 国际新闻界,2017,39(2):66-89.

研究表明，通过大规模媒体投放策略，能够有效促使青少年减少吸烟、酗酒等不良行为，在塑造青少年健康行为方面发挥了不可忽视的作用①。然而，也存在一些值得深思的反例。例如，烟草和酒类厂商投放的"请勿吸烟(饮酒)"广告，在某些情境下，反而意外地激发了青少年尝试这些不良习惯的兴趣。这凸显出广告设计和传播策略中需更加审慎、细致，避免产生负面效应。

此外，影视作品中频繁出现的吸烟镜头或性行为描绘，也被发现与青少年吸烟率和性行为频率的上升有关。在国内，曾有一段时期，社会环境的不确定性与风险为各种伪健康谣言的滋生提供了温床。因此，健康知识的科普与传播成为这一时期国内研究的重点。学者们运用案例分析法、内容分析法、问卷调查法等多种研究方法，深入评估、分析和阐释科学信息的传播状况，并针对传播中出现的问题，努力提出切实可行的对策，以推动公众正确理解和有效应用健康知识②。

二、气候变化和科学传播

在科学传播研究领域，环境议题的科普与传播研究始终备受关注。在众多环境议题中，气候议题近年来尤为突出，成为研究和讨论的焦点。这既是因为长期以来积累的研究传统，更是因为气候问题已成为全球亟待应对和解决的紧迫挑战。气候变化对全人类的生存和发展将产生深远影响，其重要性不言而喻。

在国外，研究者们对"气候变化和风险"这一主题展开了深入且持续的探讨。特别是随着 2009 年哥本哈根气候大会和 2014 年南非德班联合国气候大会的召开，气候变化的研究热度显著上升，相关论文的发

---

① 贾鹤鹏，苗伟山. 科学传播、风险传播与健康传播的理论溯源及其对中国传播学研究的启示[J]. 国际新闻界，2017，39(2)：66 - 89.

② 匡文波，姜泽玮. 融合出版视域下健康科普短视频的内容生产与传播探讨[J]. 出版广角，2022，423(21)：32 - 37.

表数量在2009年和2014年均呈现大幅增长。2009年发表的研究文章"'Fear Won't Do It' Promoting Positive Engagement With Climate Change Through Visual and Iconic Representations"(《"恐惧无济于事":通过视觉和标志性表征来促进对气候变化的积极参与》)通过深入的实证分析,揭示了一个引人瞩目的观点:尽管恐惧诉求策略可能在短期内吸引公众对气候变化议题的关注,但从长远来看,这种策略并不能有效促使个人进行深入的参与和行动。相反,该研究指出,与人们日常生活和情感体验紧密相连的非威胁性视觉与符号表达,更能触动公众的心灵,增强他们对气候变化议题的持续关注和参与意愿。这一发现不仅在学术界产生了深远影响,至今依然保持着较高的被引频次,为气候变化传播策略的制定提供了宝贵启示。这一现象不仅展现了社会议题对学术研究的重要推动作用,也反映出社会重大问题的研究往往容易成为学术界的关注热点。它提醒我们,在探讨和解决气候变化等全球性问题时,应采用更为人性化和情感化的传播策略,以更有效地促进公众参与和行动①。

在国内,近年来科学传播与环境方面的研究紧紧围绕国家新出台的"双碳政策"展开②。学者们从多个角度深入研究科学传播中的气候变化议题,包括科学传播者(科学家)传播环境知识的意愿、公众参与环境议题的意愿、具体行业的科学传播策略以及国际传播等③。然而,相较于国外的研究,国内科学传播中环境类议题在研究深度和广度尚显不足。因此,未来需要引入更多的研究视角和创新方法,以深化对这一重要议题的理解和探讨。

---

① 王国燕,岳朦朦. 管窥科学传播的十年国际研究趋势蝉变:基于SSCI期刊Science Communication 2008—2017年文献分析[J]. 科普研究,2018,13(5):5-11,39,106.

② 童桐,李涵沁,黄思南. 如何做好"双碳"目标下的气候议题对外传播[J]. 对外传播,2022,307(4):28-32.

③ 宋平,赵荣,胡利娟,等. 推动"双碳"目标实现的林业碳汇科学传播策略[J]. 世界林业研究:2023,36(2):89-94.

三、风险社会与科技传播

乌尔里希·贝克在（Ulrich Beck）《风险社会》一书中指出，科学技术的进步带来了诸多难以预测和控制的风险①。这些风险在社会中的分布并不均衡，对弱势人群的影响更为显著。这种弱势不仅体现在财富和权力的缺乏上，更关键的是知识匮乏，这在很大程度上决定了他们应对风险的能力。贝克对风险社会特征的探讨以及对风险分配及其原因的分析，引起了科学传播研究者的广泛关注。

在科技传播领域，研究者主要关注公众对新兴技术风险的感知和接受程度。受社会心理和文化水平的影响，公众对新兴技术的接受过程较为缓慢。在接纳新技术前，公众会经历观望和质疑阶段，对新技术可能带来的利益和风险进行评估。公众对科学技术的认知受多种因素影响。例如，面对新兴科技感到困惑或无所适从时，公众往往更倾向于相信简单易懂的表述，而非充满专业术语的叙述。

主流科学传播学者常与风险传播研究领域的专家合作，共同深入剖析影响公众对科技态度的社会心理因素。近年来，学者们对公众科技态度的研究进行了丰富和扩展，特别关注人类注意力、固有认知习惯以及政治立场等因素的潜在影响。这些研究为科学传播领域提供了宝贵的视角和洞察。不过，在众多影响因素中，研究者似乎对“公众参与”这一行为给予了更多关注。他们发现，公众与科学家之间的直接交流能显著增强公众对科学家的信任，进而拉近两者在价值观上的距离。这种互动不仅使公众更愿意关注科学问题，还能有效减轻公众对新兴科技风险的担忧，提升他们对科技潜在收益的正面认知。这种互动和交流模式，有助于公众更全面地了解科学，也促使科学家深入了解公众

① 刘昱岑. 马克思风险思想与西方风险社会理论的比较研究[J]. 现代商贸工业，2023，44(6)：194－196.

需求和反馈，从而形成更为良性的科学传播生态①。

第二节　国际科技传播的基本理论

一、受者研究中的重要理论与概念

（一）使用与满足理论

20 世纪 60 年代，以传者为中心的传播学研究陷入瓶颈，对有限效果论的反复研究与验证，使得许多学者对大众传播的研究兴趣逐渐减退。在这一背景下，研究者开始转变研究视角，从传统的“传播者对受众做了什么”，转向“受众对传播者做了什么”。这种转变促使以受众为中心的媒介使用研究，成为当时主流研究方向之一。在此潮流中，贝雷尔森、赫卓格、麦奎尔、施拉姆等学者，分别针对不同媒介形式，深入探讨了受众的需求和反应②。

1974 年，著名传播学者卡茨在论文《个人对大众媒介的使用》中，首次系统提出使用与满足理论的核心概念及逻辑框架。该理论表明，个体源于社会和心理层面的需求，会促使其对大众媒介及其他信息源产生特定期望。这些期望进而引导人们以不同方式接触媒介（或参与其他相关活动），以期满足自身需求，这一过程可能引发一系列其他结果和影响。这一逻辑为理解个体与大众媒介的互动方式，以及个体选择特定媒介内容和形式的原因，提供了重要的理论基础③。

---

① 贾鹤鹏，苗伟山. 科学传播、风险传播与健康传播的理论溯源及其对中国传播学研究的启示[J]. 国际新闻界，2017，39(2)：66－89.

② 刘海龙. 大众传播理论：范式与流派[M]. 北京：中国人民大学出版社，2008.

③ 张国良. 传播学原理（第三版）[M]. 上海：复旦大学出版社，2021.

1977年,日本学者竹内郁郎对卡茨的模式进行了补充,提出了以下模式①(见图2-1)。

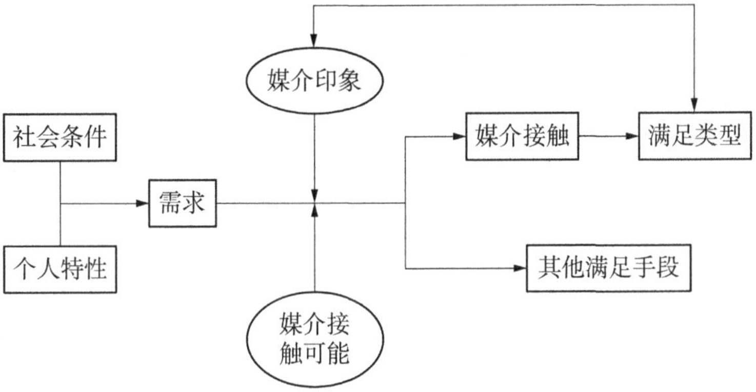

图2-1　使用与满足理论模型

在卡茨的理论基础上,竹内郁郎对使用与满足理论做了进一步深化,特别强调了两个方面的影响。其一,受众接触媒介时,其行为会受到之前对各种媒介所形成基本印象的显著影响。这种印象可能是基于过往经验、社会评价或个人偏好。而当受众与媒介接触并产生结果后,这些结果又会反过来修正和更新他们之前对媒介的印象,形成一种循环互动。其二,竹内郁郎指出,受众需求的满足并非完全自主、独立。在实际操作中,受众对媒介的接触和选择,以及由此带来的需求满足,受媒介接触可能性的制约。这种可能性受到各种因素的影响,如地理位置、经济条件、技术设备等,它们共同决定了受众接触特定的媒介内容以满足自身需求的程度。

在科学传播研究领域,使用与满足理论主要关注媒介能否有效引导受众发现科学内容并助力其深入理解。研究核心在于,受众能否通

① 贾鹤鹏,苗伟山.科学传播、风险传播与健康传播的理论溯源及其对中国传播学研究的启示[J].国际新闻界,2017,39(2):66-89.

过特定媒介渠道获取自身渴望了解的科学知识，并在这一过程中获得满足感和良好体验①。

随着网络媒介成为信息传播的主要平台，使用与满足理论的研究呈现出新特征，为网络时代的科技传播研究提供了新视角和思路。

（二）科学资本

科学资本是国外科学教育领域备受关注的学术概念，其形成和发展脉络清晰、背景丰富。一般认为，路易斯·阿切尔（Lewis Archer）首次提出并深入探讨了科学资本的概念②。经过一系列长期深入的追踪研究，英国政府资助的ASPIRSE项目对英国青少年在STEM（科学、技术、工程和数学）学科的学业表现进行了详尽的分析，同时细致探究了他们对这些学科的兴趣态度，以及这些兴趣对他们未来职业选择的影响。这项研究不仅揭示了青少年在STEM学科的学习动态，还洞察了兴趣与职业选择间的微妙关系，为理解青少年科学教育提供了宝贵视角。

进一步来看，相关研究表明，多种与科学相关的资源对青少年的科学态度具有显著影响。这些资源包括家庭经济背景、社会关系网络以及校外科学活动等方面。它们不仅塑造了青少年对科学的认知、兴趣和情感倾向，还极有可能成为决定他们未来是否选择从事科学相关职业的关键因素。鉴于个体获取和占有这些资源的情况各不相同，在参与科学活动时，青少年便呈现出显著的多样性和差异性。

基于上述深入洞察，研究团队提出“科学资本”这一概念，它涵盖了那些与科学紧密相关，且对公众科学态度和职业选择具有深远影响的资源。这一概念的提出，为深入理解科学教育中的不平等现象提供了

① 王毅，方娅南．科技传播与科学传播实证研究综述：视角及发现[J]．科技传播，2022，14(14)：44－48．

② Archer L, Dewitt J, Osborne J, et al. Science aspirations, capital, and family habitus: how families shape children's engagement and identification with science [J]. American educational research journal, 2012, 49(5): 881－908.

新的理论工具,也为推动科学教育的公平性和有效性筑牢了理论根基。认识到科学资本的重要性后,我们便能更有针对性地制定政策,确保每个人都有机会获取和利用这些资源,从而促进科学教育的广泛参与和均衡发展①。

阿切尔等人从科学相关文化资本、科学行为与实践、科学相关社会资本这三个维度,对科学资本进行了界定。具体维度及指标如表2-1所示。

表2-1 科学资本的测量维度与指标

维度	指标	指标含义
科学相关文化资本	科学素养	对科学知识、对科学原理的理解
	科学性情与偏好	对科学的态度与重视程度
	科学劳动力市场的转化	对科学学历在进入职场以及获取劳动溢价方面作用的理解
科学行为与实践	科学内容媒体消费	通过电视、网络等媒体渠道获取科学知识的频率与程度
	校外科学活动参与	非正式科学学习环境下的科学参与程度
	认识从事科学工作的人	代表与科学相关的社会关系网络,体现了科学的远近程度
科学相关社会资本	父母科学资历	父母拥有的科学知识、文凭、所处专业领域
	与他人讨论科学	在日常生活中谈论科学的对象、人数、频率

正如研究者指出,科学资本概念的诞生,巧妙融合了批判性科学社会学与实证性科学传播学的精髓。它在审视社会不平等的宏观背景下,深入探讨公众科学参与的问题,并借助实证研究方法,精确量化这种不平等及其产生的社会效应。从理论构建到实际评估,科学资本展

① 杨恒,金兼斌.科学资本:概念、测量与公众参与科学研究[J].科学学研究,2022,40(10):1737-1744.

现为一个综合性框架。它不仅涵盖个人层面的科学素养和科学信仰，还纳入科学社会网络、媒体消费等社会因素，为理解公众在科学参与意愿和程度上的差异提供了多维度视角①。

（三）技术接受模型

技术接受模型是弗雷德·戴维斯(Fred Davis)将理性行为理论应用于信息技术用户接受领域的成果。学术界高度关注个体用户对信息技术的接受和采纳情况，而技术接受模型为科技传播者研究科技信息传播效果、测量用户参与意愿提供了有力的理论依据和概念化模型。该模型的具体要素组成如图 2－2 所示②。

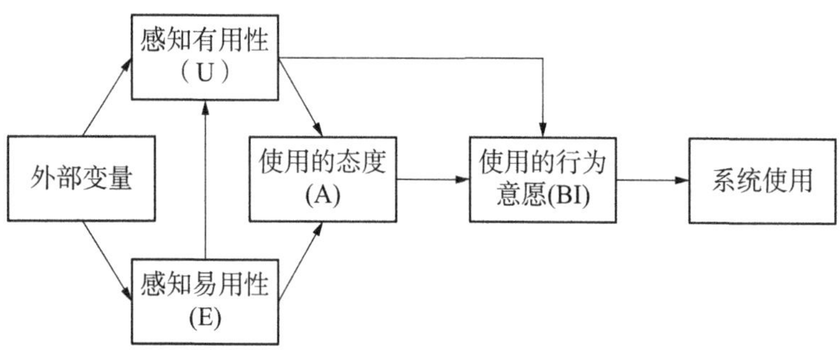

图 2－2　技术接受模型

戴维斯提出的技术接受模型(TAM)主要聚焦于两个核心要素:感知有用性(perceived usefulness)和感知易用性(perceived ease of use)。其中，感知有用性描绘了个体用户预期使用某特定应用系统时，该系统对其工作业绩的提升程度;感知易用性反映了用户对于操作该系统难易程度的个人评估。除这两个核心因素外，模型还涵盖使用态度和使

---

① 杨恒，金兼斌. 科学资本:概念、测量与公众参与科学研究[J]. 科学学研究，2022，40(10):1737－1744.

② Davis F D, Bagozzi P R, Warshaw, P. User acceptance of computer technology: a comparison of two theoretical models [J]. Management science, 1989(35):982－1003.

用行为意愿两个重要方面。使用态度是指个体用户使用系统时形成的主观评价,包括积极和消极的情感倾向;使用行为意愿是对个体执行某一具体行为的可量化预期,衡量了用户实际采取行动的倾向程度。

技术接受模型(TAM)明确阐述了个体用户对目标系统使用行为的核心驱动力是使用意愿。这种意愿并非凭空产生,而是源于用户的使用态度以及对系统的感知有用性。具体而言,使用态度并非孤立形成,而是由用户对系统的感知有用性和感知易用性共同作用形成。这两者相互关联,共同塑造用户对目标系统的整体评价,进而影响用户是否选择使用该系统。

同时,感知有用性不仅受到用户个人认知的影响,还受到一系列外部变量的作用,这些变量包括系统培训时间、用户手册的完善程度以及系统本身的设计特征等。而感知易用性主要受这些外部变量的直接影响,直观反映了用户使用系统时感受到的难易程度。总之,技术接受模型强调用户的使用行为意愿、使用态度、感知有用性和感知易用性之间的相互作用,以及这些内部因素与外部变量的密切联系。

技术接受模型(TAM)及其扩展模型技术接受和使用统一理论(UTAUT)①在国内外科学传播研究中应用广泛。这些模型不仅用于分析用户接受信息后态度和行为的变化,还用于深入剖析信息属性,以提升信息的有用性和易用性②。

二、传者研究中的基本理论

(一) 计划行为理论

计划行为理论(Theory of Planned Behavior, TPB)详细解析了影响

---

① Venkatesh v, Davis F D. A theoretical extension of the technology acceptance model: four longitudinal field studies [J]. Management science, 2000(46):186 - 205.

② 谢广岭.科学传播网站用户持续使用行为影响因素实证研究[D].合肥:中国科学技术大学,2017.

个体行为意向的三个核心内在因素:行为态度、主观规范和感知行为控制。

首先,行为态度是个体对特定行为、对象或情境所持有的正面或负面的评价和情感倾向。马丁·菲什拜因(Martin Fishbein)和伊塞克·阿杰恩(Icek Ajzen)强调,个体行为意愿深受其对行为的态度影响,这种态度决定个人对行为的好恶程度。

其次,主观规范指个体做行为决策时,感受到的来自社会群体或重要他人的期望和压力。当个体认为重要人物或群体支持、期望其执行某一行为时,更易产生强烈的行为意愿。主观规范反映个人对社会期望的感知,与行为意愿呈正相关。

最后,感知行为控制是个体对执行某行为难易程度的主观评估。它涉及个体对影响行为执行的内外因素(如能力、资源、机会等)的认知。感知行为控制对行为意愿具有积极的推动作用,能增强个人对行为执行能力的信心。

这三个核心因素相互交织、共同作用,形成个体对某行为的行为意向,进而决定最终行为表现。计划行为理论为理解和预测个体行为决策过程,提供了全面而深入的框架①。

在计划行为理论的框架下,科学家的在线科学传播意愿作为一种特定行为意向,同样受行为态度、主观规范和感知行为控制这三个核心因素的制约。

已有研究表明,科学家的参与态度对其在线科学传播的意愿具有显著正向影响,即当科学家对在线科学传播持积极态度时,更易产生强烈的传播意愿。

此外,感知行为控制中的感知反馈效能也是影响科学家在线科学

① Fishbein M, Ajzen I. Belief, attitude, intention and behavior: an introduction to theory and research [J]. Contemporary sociology, 1977, 6(2):244-244.

传播意愿的重要因素。感知反馈效能指科学家对在线传播过程中可能获得反馈和认可程度的评估。当他们感知到在线科学传播能获得积极反馈和认可时,更有可能产生强烈传播意愿。

因此,行为态度、主观规范和感知行为控制共同作用于科学家的在线科学传播意愿,其中参与态度和感知反馈效能对传播意愿的正向影响尤为显著。这为理解和促进科学家的在线科学传播行为,提供了重要的理论支撑①。

(二) 公平理论

公平理论由美国心理学家约翰·斯塔希·亚当斯(John Stacey Adams)于 1965 年在《社会交换中的不公平》一书中首次系统阐述,该理论深入剖析了职工工作动机的内在机制,为理解员工为何在特定工作环境中展现特定动力提供了有力心理学依据。

该理论强调,职工的工作动力不仅取决于其获得报酬的绝对数额,更在于报酬的相对价值。相对价值是个体将自身付出的劳动和获得的报酬,与他人进行横向比较,或与自己过去的经历进行纵向比较后形成的感知。由于这种理论关注个体对分配结果公平性的感受,因此也被称为"结果公平"理论②。

然而,在理论概念化一段时间后,亚当斯的公平理论因衡量标准的主观性、付出与报酬难以量化,以及缺乏群体公平概念等问题受到了质疑。自 20 世纪 70 年代中期起,学术界研究焦点逐渐转向程序公正性,深入探索通过特定制度和方法以实现公平感的方式。研究显示,人们对公平的认知不仅局限于决策结果是否公正,同样重视决策过程的公正性。多项研究表明,当员工认为企业的决策程序公正透明时,即使决

① 吴文汐,周婷.科学家在线科学传播意愿及其影响因素实证研究[J].东北师大学报(哲学社会科学版),2021(2):111-116.

② 孙伟,黄培伦.公平理论研究评述[J].科技管理研究,2004(4):102-104.

策结果对自身不利,也更倾向于接受。与单纯强调决策结果的公平理论不同,程序公正理论更侧重于对决策制定过程的审视和评估。程序公正指被广泛接受并遵循的决策规则和流程中的公正性,这种公正性在塑造员工对决策结果的接受度和企业信任方面,扮演着至关重要的角色。

1986 年,罗伯特·J. 比斯(Robert J. Bies)和约翰·F. 莫格(John F. Moag)引入了“互动公平”的概念。这一理论着重指出,在分配结果反馈执行过程中,人际互动方式对个体公平感体验至关重要。他们认为,互动公平与结果公平紧密相连、相互影响。互动公平聚焦于人际交往中的公平感知,衡量个体在沟通过程中感受到的对待质量。这种感知主要取决于人际交往双方能否秉持真诚、礼貌和平等的态度进行互动。也就是说,交往中的公平感知水平在很大程度上取决于双方以正面方式沟通的程度。

随着网络技术的迅猛发展,个体对互动公平的感知成为公平理论研究的重要议题。在科技传播研究领域,研究者发现了一个有趣的现象:当科学家在网络上感知到公众能公正地倾听并尊重他们的观点和意见时,参与科学传播活动的积极性会大幅提升。这种感知的公正性对科学家参与科学传播的意愿有着显著的正向影响。公平理论的引入,为科技传播研究提供了宝贵的理论支撑,有助于更细致地阐释科学家在线科学传播的意愿及其背后的影响因素①。

第三节　国际科技传播的实践模型

科技传播的实践模型与研究范式紧密相关,两者之间呈现出一种

---

① 王毅,方娅南.科技传播与科学传播实证研究综述:视角及发现[J].科技传播,2022,14(14):44-48.

相互对应的关系。从传统的“科普范式”到更加注重互动的“对话/参与范式”,再到强调具体情境的“情境化研究范式”,这些研究范式的演变不仅更新了研究前提和假设,更代表了研究视角的根本转变。研究模型作为研究的核心框架,是各种研究范式的具体体现。在科技传播实践模型中,有中心广播模型、缺失模型、对话/参与模型、情境化模型以及双通道模型等多种类型,其中既有经时间考验、被学界广泛认可的科学传播模型,也有不断涌现的新兴研究模型。接下来,我们重点介绍几个学界广泛认可的科技传播模型,从兴起背景、模型内容到模型价值等多个层面详细阐述和解析,以全面展现科技传播实践模型的多样性和研究范式的演进趋势。

一、缺失模型

英国自然科学家杜兰特在深入调查的基础上提出了缺失模型①。1985 年,在英国皇家学会发布的标志性报告《公众理解科学》中,对该模型进行了典型体现和阐述。这一报告坚信科学具有无可置疑的益处,强调公众深入理解科学将直接增加对科学的支持,因此,倡导社会各团体组织应共同努力,增进公众对科学的认知。

杜兰特观察到,20 世纪期间,公众对科学和技术知识的兴趣已经从学术圈扩展到政治和经济领域。在这种跨领域背景下,缺失模型主张现代公民,尤其是生活在高度发达科技文明中的人们,应具备一定科学知识水平。杜兰特提出的缺失模型深化了对科学素养重要性的理解,指出高科学素养的公民对政府制定政策、实业家招募劳动力以及科学家获得公众支持等实际问题至关重要。这些实际问题凸显了公众理解科学课题的紧迫性和重要性,推动了相关领域的深入研究和广

---

① 李正伟,刘兵.公众理解科学的理论研究:约翰·杜兰特的缺失模型[J].科学对社会的影响,2003(3):12-15.

泛探讨[①]。

然而,与其他自然科学家相似,杜兰特对科学的信任近乎不容置疑,这使得他提出的缺失模型受到多方质疑。批评者指出,缺失模型错误地将科学视为无懈可击的知识体系,忽视了科学与生活的距离,还试图将职业科学的认知模式强加给公众。

面对日益增长的批评声音和新模型的挑战,杜兰特逐渐对曾经提倡的缺失模型有了新思考,转而关注更为互动和参与的对话/参与模型。然而,我们不应忽视缺失模型的核心价值,它明确指出提升公民科学素养对社会发展的重要性和迫切需求,强调公众对科学的基本理解和认知对社会进步和决策制定的关键作用。

在实践中,缺失模型通过教育和传播等方式,被动地提升了公众科学素养,并在某些领域取得显著成效,证明了其在促进公众科学素养提升方面具有一定有效性[②]。

在这个意义上,即便在当下对话/参与模型已成为主流科学传播研究模型,缺失模型仍具有一定理论意义,并且在各大科普案例中广泛存在并得以应用。

二、对话/参与模型

自 20 世纪 90 年代起,随着研究不断深入以及大众媒体广泛传播,人们逐渐发现缺失模型难以全面把握公众与科学之间复杂多元的互动关系。与此同时,公众对科学的兴趣和需求日益高涨。与缺失模型的预设不同,实际情况表明,公众并非单纯因掌握更多科学知识就更倾向于接受科学。这是因为缺失模型忽略了公众在理解和评估科学证据时

---

① 曹昱.公众理解科学理论发展研究:对约翰·杜兰特的“民主模型”的反思[J].科学技术与辩证法,2004(5):85-89.

② 杨正.超越“缺失—对话/参与”模型:艾伦·欧文的三阶科学传播与情境化科学传播理论研究[J].自然辩证法通讯,2022,44(11):99-109.

存在的能力差异,以及传播过程中与政治、经济、文化等多元语境因素的相互影响。

此外,缺失模型往往从科学共同体的视角出发,倾向于展现科学技术和科学活动的积极一面。然而,这种立场可能会造成对科学真相的扭曲,尤其是当科学共同体与赞助商存在利益关联时。因此,有必要更全面和深入地探究公众与科学之间的关系,以便更准确地理解并满足公众对科学的需求和兴趣。

为了纠正缺失模型带来的偏差,科学传播学术领域开始采取批判性视角,着重强调必须充分尊重和考量公众的态度、价值标准以及他们对科学的理解方式。解决问题的关键在于构建科学家与公众之间开放、平等的对话和协商机制。

在这一思路引导下,公众参与科学的对话模型逐渐兴起。该模型认为,在科学与社会的关系中,科学(界)并非拥有至高无上的权威,而是民主社会的一部分,与其他知识体系或人群享有同等的地位。因此,鼓励科学与公众之间进行直接对话极为重要,这种对话应成为常规且不可或缺的实践。这样的对话不仅能增强公众对科学的理解和信任,还有助于推动科学知识的普及和科技创新①。

在对话模型的框架下,科学传播呈现出前所未有的多元化态势。传播者和受众不再局限于特定群体,而是涵盖了广泛人群。传播内容除了传统科学知识外,还包括科学文化、科学精神等抽象概念,以及科技伦理、科技风险等热门议题。这一模型以政府和科学共同体之外的普通公众为立足点,传播过程变为在大众媒体环境下开展的、具有深度反思和即时反馈的交流共享活动。

对话与参与模型赋予了公众在科学传播中较为重要的角色,让公

---

① 朱巧燕.国际科学传播研究:立场、范式与学术路径[J].新闻与传播研究,2015,22(6):78-92,128.

众得以凭借平等的身份,与科学家和政府共同参与科学决策。如图2-3所示,这一模型彻底打破传统科学与受众之间的单向传播模式,转变为公众、科学家和政府之间的多向互动。这种变革意义非凡,不仅显著提升了公众的科学素养和决策能力,还有力地增强了科学决策的民主性和透明度,进一步推动了科学与社会的和谐发展。

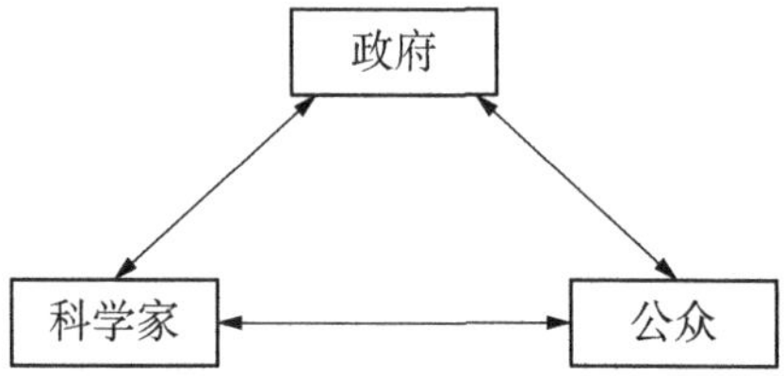

图2-3 对话/参与模型中的互动关系

对话/参与模型着力通过科学传播来培育公众的社会责任感,激励公众在社会生活中主动发掘并应用科学价值,从而促进社会的可持续发展和进步。在这一模型中,公众不再仅仅充当科学知识的被动接收者,更是一跃成为科学的共同创造者和应用者①。

三、情境化模型

情境化科学传播模型由艾伦·欧文(Alan Irwin)提出,如图2-4所示。

在深入阐述情境化科学传播模型的核心意义时,首先需着重强调,这一模型将社会技术情境视为科学传播实践的基石。科学传播的各个环节,都深深扎根于特定的社会需求和技术发展的脉络之中。尽管不同案例可能存在一定相似性,但每个案例背后独特的社会技术背景,催生出各具特色的利益相关者群体,进而形成截然不同的互动网络格局。

① 曹昱.公众理解科学理论发展研究:对约翰·杜兰特的"民主模型"的反思[J].科学技术与辩证法,2004(5):85-89.

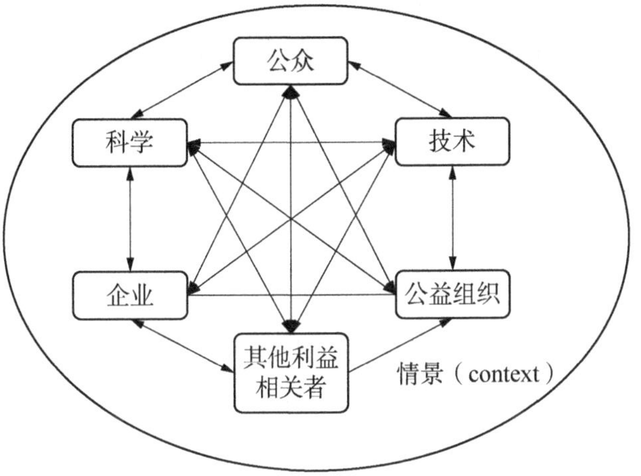

图 2-4 情景化科学传播模型

这些独特背景和群体相互交织,塑造出每个案例独有的动态生态。

正如艾伦·欧文敏锐洞察到的,科学传播领域具有诸多独特特性,科学知识的专业深度、科学治理的多元参与性,以及科技产品在日常生活中的广泛渗透和商业价值的持续增长,共同孕育出一个复杂多元的利益相关者群体。这些群体间的显著差异和多样性,决定了在定义和实践“教育”“对话”和“参与”等核心概念时,必须紧密结合具体情境,方能确保这些概念的有效性和实用性。

因此,情境化科学传播模型不仅是对科学传播活动的深刻理解和阐释,更是极具价值的实践指导。它时刻提醒我们,在进行科学传播时,务必密切关注并适应不断变化的社会技术情境,以此保证科学传播活动的有效性和针对性。

在科学传播的广阔范畴内,持续的自我反思是精确理解和评估活动属性和价值的关键。这种反思有助于我们识别并纠正可能存在的偏见或认知盲区,进而切实保障科学传播活动的有效性和影响力。

以英国关于转基因谷物讨论的“GM Nations?”项目为例,该项目在早期阶段就过于坚定且预先设定了“对话/参与”的属性，这在一定程度上限制了活动内容和形式。这种预设可能削弱了项目的灵活性和适应性，致使其未能充分探索与公众进行更广泛、更深入科学交流的可能性。

这一案例警示我们，在科学传播实践过程中，持续的自我反思和灵活调整至关重要。我们应依据具体情境和公众需求，灵活调整传播策略，确保科学传播活动既能满足公众的参与和对话需求，又能保证公众获得全面、准确的信息。通过持续的自我反思，我们能够不断完善科学传播活动，提升其影响力和实际效果。

在情境化科学传播的视角下，“单向的教育”和“公开透明的对话与参与”都是针对特定环境问题的具体策略，本身并无绝对的优劣之分。因此，艾伦·欧文的情境化科学传播模型摒弃了传统科学传播中带有明显褒贬色彩的行为取向标签，如“单向”“双向”“自上而下”“自下而上”“教育”“对话”和“参与”等。在他的模型中，这些行为取向都被视为中性工具，可以根据具体的传播情境和需求进行灵活选用，以实现更为有效的科学传播效果①。

第四节　国际科技传播的关键议题

整体来看，科技传播的核心议题可以划分为三大类别：“公众参与和科学”(PES)、“媒体与科学”(MS)以及“科学中的问题”(IS)②。

---

① 朱巧燕. 国际科学传播研究：立场、范式与学术路径[J]. 新闻与传播研究，2015，22(6)：78-92，128.

② Wu L Y, Truong N M, Lu H-Y, et al. Science-edu-communication: trends reveal in 20 years of science communication research [J]. Journal of Baltic science education, 2019, 18(5):793-805.

“公众参与和科学”主要聚焦于公众在科学传播中的参与程度。这里的公众不仅涵盖普通民众,也包括科学家群体。这一大类议题下,研究者们深入探讨了“科学家与媒体和公众的关系”“公众对科学的理解和认知”以及“公众的科学参与程度”等细分方向,实质上是对西方传统“公众理解范式”和“公众参与范式”的深化和拓展。

在“媒体与科学”类别中,研究重点主要集中在“科学与媒体和新闻的关系”以及“大众媒体对公众科学态度的影响”。研究者将媒体视为科学传播过程中的关键要素,尝试从不同媒介形式中提炼出有效的媒体传播策略。

相较于前两者,“科学中的问题”这一类别的研究范围更为广泛且难以全面覆盖。除了密切关注如生物技术和气候变暖等备受瞩目的热点议题外,研究者还运用定量研究方法,深入探究包括环境保护、农业科技、基因产业、纳米技术以及干细胞生物工程等在内的多元科学议题。这些研究旨在揭示这些领域的发展趋势、面临的挑战与机遇,为未来的科学传播和决策提供有力的数据支撑。然而,由于研究主题的多样性和繁杂性,这一大类研究在构建系统体系方面面临挑战,难以总结出具有普遍适用性的结论①。

为了帮助读者更深入地了解上述议题的研究动态和发展方向,下文将从学术视角出发,对这三大类主题展开详细剖析,并阐述其当前研究状况和未来发展趋势。

一、主题 PES:参与与科学的对话

科学传播的缺失模型曾将公众对科学的认识和理解置于核心地位,认为这能促使公众在科学进程中成为更积极、更投入的参与者。然

① 王晨阳,褚建勋. 议题、网络与差异:管窥科学传播研究的知识图谱(2000—2019)[J]. 科普研究,2021,16(1):65-75,85,99.

而,随着对话/参与模型逐渐取代缺失模型成为主流,研究重点逐渐转向公众在科学传播中的实际参与性。例如,B. 艾琳・格林伯格(B. Irene Grimberg)等人通过研究美国不同地区的"爱因斯坦庆祝节日",探讨了参与者在这一科学艺术活动中的知识获取、兴趣激发及情感反应。同时,袁姝培(Shupei Yuan,音译)等人则强调了科学社团在科学家职业发展中的关键作用及其对科学进步的潜在影响。研究者们借助各类科学活动及其伴随的科学知识传播,评估了公众对参与科学传播的兴趣①。

在过去的 20 年间,与科学参与和科学公民(SOC)相关的研究文章数量持续稳定增加,而有关科学参与和科学公民权(SESC)的研究成果同样呈现出稳定上升趋势。与此同时,关于科学家与媒体、公众之间关系(SRMP)的研究也显著增加,并在过去十年中保持稳定状态。

随着科学传播研究在公众参与讨论领域的不断深入,研究者愈发意识到公众与科学传播者之间的理解隔阂和互动障碍。因此,需要开展更多研究来增进双方的理解和互动。除了《公众理解科学》(PUS)和《科学传播》(SC)之外,诸如《理解科学:公众的理解》一书的出版,以及《科学技术的公共传播》的问世,还有科学技术交流(PCST)网络的构建等,都致力于推动公众对科学的理解和参与。这些书籍的发行和公众传播网络的形成,反映出科学传播领域对增加互动和参与模式的持续关注。基于对科学与社会复杂互动的理解,增加科学传播的互动和参与模式,将继续成为未来研究的重要方向②。

二、主题 MS:媒体对科学的关注度提高

随着媒体信息传播日益受到公众关注,经由媒体流向公众的科学

① 任鹏. 国外科学传播活动案例研究概述[J]. 今日科苑,2020(3):39-47.

② Wu L Y, Truong N M, Lu H-Y, et al. Science-edu-communication: trends reveal in 20 years of science communication research [J]. Journal of Baltic science education, 2019, 18(5):793-805.

内容,引发了科技传播研究者的极大兴趣,成为科学传播研究的一个重要议题。

过去 20 年,与媒体和科学相关的研究总体呈上升趋势,特别是 2006 年之后,增长态势显著。鉴于媒体在触达公众方面的关键作用,以及科学家与媒体互动的责任,媒体已成为当今科学传播不可或缺的一部分。与科学在媒体中的代表性和框架相关的研究数量(MMPAS)一直较为稳定,并在 2009—2011 年间出现增长。同时,1997—2018 年间,关于大众传媒和公众对科学态度的研究也有所增加。这些研究主要探究媒体如何塑造或呈现科学,以及这种呈现方式如何影响公众对科学的认知。

由于媒体是科学传播的主要载体,这种研究趋势表明,媒体在科学传播中的重要性在过去 20 年里持续提升。如何有效地展示科学,以及公众对科学的感受,已成为备受关注的焦点,构成科学传播研究的重要组成部分。

展望未来,随着社交媒体逐步向更高维度的元宇宙演进,传播媒介的变革必会为信息传播带来更多新机遇和挑战。科技内容作为特定的信息类型,也将催生出全新的传播方式,为未来的科技传播研究提供全新视角和领域。

三、主题 IS:科学中的问题

关于"科学中的问题"这一主题的研究趋势分析尚不十分明确,但其研究数量仍持续增长。在国外研究中,"媒体中的生物技术和纳米技术"(BNM)以及"气候变化和疾病认知"(CCDP)是两个主要专题,近年来,该主题研究范围不断泛化,涵盖了基因科技、信息技术、干细胞工程等多种前沿技术。显然,关注和研究前沿技术已成为科技传播研究者近几年的主要方向。

在科学知识学和社会学的范式下,学术共同体持续探究新兴技术对社会和公众的意义。通过技术普及和创新扩散的实例,尝试归纳前沿技术在社会公众中的接受程度。

值得注意的是,“科学中的问题”研究往往呈现出交叉特性。例如,生物技术和气候变化的研究,与公众参与科学以及公众对科学的态度的研究相互促进。此外,近年来,随着科学传播与教育领域的深入合作与交流,这两个原本独立发展的领域呈现出融合趋势,为“科学—教育—传播”这一全新研究领域带来了可能性。当前,科学与教育的研究主要聚焦于科学在媒体中的呈现方式,以及科学教育工作者如何借助媒体吸引公众等方面。

随着科学传播和教育在诸多方面,如在课堂上吸引学习者、与公众共同参与科学活动等,继续共享广泛而具体的目标,未来这两个领域的合作空间将进一步拓展,有助于社会进一步提升公民科学素养。

第三章

国际科技传播政策制定的体系构建与效果评估

本章将探讨国际科技传播政策的体系构建与效果评估。通过系统分析政策的顶层设计、实施机制与保障措施，构建科学合理的政策体系；同时，运用多元化的评估方法，全面衡量政策实施效果，为优化国际科技传播政策提供实证依据，助力其在提升国家形象、促进科技交流与推动全球科技发展中发挥更大作用。

第一节　科技传播政策目标国际比较

各国制定科技传播政策时，主要目标存在相似之处。浅层目标通常关注推动科技传播的直接手段，旨在提升科技传播的数量和质量，同时优化其结构，包括完善科学传播基础设施、优化相关教育体系、加强学界和媒体沟通等方面。而深层目标则具有更为长远和深远的战略意义，比如增强国家综合竞争力、为国家发展建设储备科技人才、增进公众对科学的理解，以及在全社会营造科学氛围等。

然而，由于各国国情、历史文化、理论发展等方面存在差异，科技传播政策在理念、重点和特点上不尽相同，且随时间推移呈现出一定变化趋势。例如，英国科技传播实践和理论起步较早，已形成较为成熟的模式,强调公众理解、参与和对话[①];美国则逐渐从实用主义转向以人为本,重视科学实践在提升全民素质中的作用[②];日本在经历科技与社会脱节后,提出“使科学技术成为社会文化”的目标,将科技传播与终身教育紧密结合,着重强调国民素养的提升[③];印度作为多语言、多宗教的发展中大国,其政策更侧重于提高全民基本科学素养,以改善生活质量[④];我国的科技传播政策也历经从服务于国家战略到更加注重提升全民科学素养的转变[⑤]。

这些政策变迁反映出各国政府对科学定位的演变,从过度追求工具理性,逐步转向追求工具理性与价值理性的平衡。越来越多的国家认识到,片面追求发展效率可能引发个体异化问题,因此将科学传播的最终落脚点置于具体且广泛的“人”身上。

第二节　科技传播政策制定过程国际比较

各国的政策制定过程与其科学传播理念及政治制度紧密相连,因此在决策主体、环节、模式上各具特色。通过对典型国家政策制定过程的分析,可以归纳出以下三个普遍特征,并基于此探讨各国的特殊性。

第一,科技传播政策的制定通常由政府主导,且深受国家政治制度影响。以美国等联邦制国家为例,联邦行政机构提出科技传播计划,随后国会进行审议和辩论,最终由总统签署生效,这一过程充分体现了三

---

① 杨娟.英国科学传播模式演进研究[J].科技传播,2018,10(4):54-56,65.

② 中国科普研究所.美国公民科学素质建设经验[EB/OL].(2018-06-15)[2023-02-25]. https://www.crsp.org.cn/KeYanJinZhan/YanJiuDongTai/0615225R018.html.

③ 王蕾,杨舰.21世纪日本科学传播相关国策综述[J].科学,2016,68(2):56-59.

④ 王蕾,杨舰.21世纪日本科学传播相关国策综述[J].科学,2016,68(2):56-59.

⑤ 佟贺丰.建国以来我国科普政策分析[J].科普研究,2008,15(4):22-26,52.

权分立和两党制的特征[①]。而在中国,民主集中制是根本领导制度,全国人民代表大会及其常务委员会负责立法工作,国务院制定行政法规和发展规划,各部委和地方政府依据实际情况制定具体规划和指导意见。这种多元权力主体与合理权力约束相结合的方式,保障了我国科技传播政策的灵活性和高效性。印度在科技传播政策制定方面起步较晚,但其政策制定过程同样体现了政府的主导作用[②]。

第二,除了政府,各国都重视吸纳相关利益部门或智慧团体参与政策制定,以实现信息共享和科学探讨,优化政策制定过程。在中国,相关部门在制定科技传播政策时,也会邀请研究机构、社会组织等专业人士参与。美国国会在讨论相关政策时,也会邀请各界人士发表意见。韩国政府设立了专门的政策研究中心和科技情报机构,为政策制定提供支持[③]。英国则成立咨询委员会,为政策制定提供专业指导。这些举措旨在提高决策的专业性和合理性,充分考虑各方利益提升,进而提高政策落实效率。

第三,公众参与在政策制定过程中普遍受到重视,这是科学传播目标和理念转变在实践中的体现。我国不断优化政策制定流程和机制设计,以民主立法和民主决策为指导原则。丹麦法律明确规定,涉及重大争议的科学政策需经公众代表讨论[④]。英国建立了 Sciencewise 项目,积极鼓励公众参与科学技术问题的探讨[⑤]。这些做法有助于形成有效的双向沟通,推动"公众理解科学、公众参与科学"目标的实现。然而,在一些国家,公众参与的强度仍有待提高,这与各国的民主传统发展情

① 杨娟. 中英美澳科学传播政策内容及其实施的国际比较研究[D]. 重庆:西南大学,2014.

② 陈微笑. 科技传播在印度[J]. 科普研究,2009,4(6):63-68.

③ 林昭廷. 试论韩国的科技传播机制[J]. 当代韩国,2001(2):60-65.

④ 何苗. 美英德日印丹麦等六国科普政策比较[J]. 教育,2006(9):58-60.

⑤ Sciencewise: About Sciencewise [EB/OL]. [2023-02-25]. https://sciencewise.org.uk/about-sciencewise/.

况相关。但可以预见,未来各国在科技传播政策制定中,将会越来越重视公众参与这一关键要素。

第三节 科技传播政策内容国际比较

一、科技传播政策体系国际比较

从纵向来看,科技传播政策随着时代发展,不仅记录并反映了各国政府理念的变化,还在科技传播发展史上具有里程碑式意义。1985 年英国皇家学会发布的《公众理解科学》报告便是典型例子,其倡导的理念至今在科技传播的学术和实践领域都占据重要地位,并逐渐演变成为全球性的追求和实践①。2002 年,全国人民代表大会常务委员会正式通过《中华人民共和国科学技术普及法》,这是世界上首部专门针对科普制定的法律,标志着我国科普事业迈入法治化、规范化的新阶段②。韩国和日本在这方面做法相似,两国政府都根据各自的《科学技术基本法》,每五年制订一期《科学技术基本计划》,以此保障科技创新战略的稳定性和连贯性,且都将科技传播视为战略规划的关键任务,强调科学成果应由公众共享③。

从横向视角审视,各国在实践中都在逐步构建和完善科技传播政策体系。这些体系在起始时间、数量规模、发展速度、类型多样性和规

① Ziman J. Public understanding of science [J]. Science, technology, & human values, 1991,16(1):99-105.

② 中华人民共和国科学技术部. 中华人民共和国科学技术普及法[EB/OL]. (2022-06-29)[2023-02-25]. https://www.most.gov.cn/ztzl/jqzzcx/zzcxcxzzo/zzcxcxzz/zzcxgncxzz/200512/t20051230_27352.html.

③ 李瑾. 日本科技创新决策机制和政策体系及启示[J]. 中国机构改革与管理,2021,110(4):44-46.

划详细程度等方面存在差异，但都涵盖多种类型，包括立法形式的法案、宏观规划或意见，以及地方或组织的具体执行措施等。从更宽泛的角度看，其他政策中涉及科技传播的相关内容也应纳入考虑范围①。

表 3－1 列出了部分国家科技传播政策的差异和共性。

表 3－1　各国科技传播相关政策列举

国家	政策名称	颁布主体	年份
中国	《关于加强科学技术普及工作的若干意见》	中共中央办公厅、国务院办公厅	1994
	《关于加速科学技术进步的决定》	中共中央、国务院	1996
	《中华人民共和国科学技术普及法》	中华人民共和国第九届全国人民代表大会常务委员会	2002
	《关于进一步加强科普宣传工作的通知》	中央宣传部、中央文明办、科技部、文化部、广电总局、新闻出版总署、中国科协	2003
	《国家中长期科学和技术发展规划纲要(2006—2020 年)》	国务院	2006
	《全民科学素质行动计划纲要(2006—2010—2020)》	国务院	2006
美国	《不让一个孩子掉队法案》(NCLB)	美国国会、总统	2002
	《为了 21 世纪的科学》	美国国家科学技术委员会	2004
	《K－12 科学教育框架：实践、跨学科概念和学科核心概念》	美国国家研究理事会	2011
	《新一代科学教育标准》(NGSS)	美国国家研究理事会、美国科学教师协会、美国科学促进协会以及各州教育工作者	2013
	《联邦政府 STEM 教育五年战略计划》	美国国会、总统	2013

① 詹正茂. 中国科学传播报告 2012[M]. 北京：社会科学出版社，2012：297－300.

(续表)

国家	政策名称	颁布主体	年份
英国	《公众理解科学》	英国皇家学会	1985
	《科学与社会》	英国上议院科学技术特别委员会	2000
	《卓越与机遇:面向21世纪的科学与创新》	政府白皮书	2000
	《科学与创新十年投资框架(2004—2014)》	英国财政部、工业与贸易部、教育与技能部	2004
	《科学与社会远景:关于科学与社会新战略的咨询》	英国创新、大学和技能部	2008
日本	《科学技术基本法》	国会、政府	1995
	《第一期科学技术基本规划(1996—2000)》	政府	1996
	《第二期科学技术基本规划(2001—2005)》	政府	2001
	《科学技术白皮书》	文部省	2004
韩国	《科学技术革新特别法》	国会、总统	1997
	《第三次科学技术基本计划(2013—2017)》	政府	2013
澳大利亚	《激励澳大利亚:一个关于科学参与的国家政策》	工业创新与科学部	2010
	《国家创新与科学议程》	政府	2015
	《澳大利亚国家科学声明 2017》	工业创新与科学部	2015
	《激励澳大利亚:科学参与计划指南》	工业创新与科学部	2016
印度	《全民基础科学》	婆罗多发展会(Vikas Bharati)总结全印度科学传播研讨会后印发	1989
	《新技术政策》	政府、总理	2003

二、科技传播政策构成国际比较

各国与科技传播相关的政策在内容上存在一定共性，主要体现在明确政策目标、制订实施计划、确定评估方式等方面，同时强调各方在这一过程中的协调参与。在具体实现路径和措施方面，基础设施、科技人才、科学教育、媒体传播等维度成为各国政策关注的重点，以此提升科技传播的强度和质量。

（1）基础设施。提升科技传播能力，基础设施的支持至关重要。中国制定的《科普基础设施发展规划（2008—2010—2015年）》，提出提升能力、共享资源、优化布局、突出实效的目标，并对科普展教资源、科技类博物馆、科普基地、基层科普设施、数字信息资源等的发展作出具体规划。英美等国同样高度重视科技馆建设，一方面鼓励社会资金投入博物馆、天文馆、科学中心等机构，提升科学产品供给质量，同时鼓励科研机构依托实验室优势开展科技传播工作。

（2）科技人才。科技传播离不开人才支撑。各国政策都强调科普与科研的有机结合，重视科学家队伍的建设与提升，通过资金扶持、项目推动、组织培训等方式，鼓励科研创新。同时，各国也鼓励科学家与公众开展科学对话，将科学成果有效传播出去。举例来说，中国科学技术协会（中国科协）制定的《科普人才发展规划纲要（2010—2020年）》，旨在打造一支规模适宜、结构合理、素质卓越的科普人才队伍，以满足社会日益增长的科普需求。美国则重视STEM人才的榜样引领作用，通过项目实现科学资源共享，促进公众学习①。

（3）科学教育。各国普遍关注国民特别是青少年群体的科学教育。在规划制定时，虽然各国政策都会涵盖学科体系、教师资源、基础

---

① 罗晖，李朝晖．美国实施科学、技术、工程和数学教育战略提升国家竞争力[J]．科普研究，2014，9(5)：32－40．

设施等方面,但侧重点有所不同。例如,中国着重培养未成年人的创新意识和实践能力,推进义务教育改革,强化职业教育、成人教育和各类培训中的科学教育。英国注重培养科学各领域所需人才,强调科学的社会应用。美国通过培养专业教师来培养科学人才,以满足国家发展需求①;日本则强调科学教育与终身学习理念相结合②。

(4) 媒体传播。媒体是科学传播的重要渠道,新媒体的发展为科学传播带来更多可能性。各国政策都强调增加提高媒体中科技传播的数量,提高传播质量,加强媒体与科学界的联系③。不过,在规划的详细程度上有所不同,英国和澳大利亚的政策较为细致,而包括中国在内的其他国家相对笼统,鼓励灵活实施。

除了上述共性,各国的科技传播政策还结合自身实际,呈现出一定特色。英美等国强调充分调动和共享资源,鼓励各主体主动参与。中国更注重结果的达成,政策体现自上而下的领导特征。英国注重公众参与和政策的透明度,澳大利亚则利用地理特点,着重开展热带、海洋、沙漠等地的科技传播④。这些特色使得各国的科技传播政策在具有共性的同时,也展现出多样化的特点。

---

① STEM education coalition: White House unveils 5-Year STEM education strategic plan [EB/PL]. [2023 - 02 - 25]. http://www.stemedcoalition.org/2018/12/04/white-house-unveils-5-year-stem-education-strategic-plan/.

② 王蕾,杨舰. 21 世纪日本科学传播相关国策综述[J]. 科学,2016,68(2):56 - 59.

③ 陈鹏. 科学传播研究[M]. 北京:科学出版社,2015:147 - 151.

④ 杨娟. 中英美澳科学传播政策内容及其实施的国际比较研究[D]. 重庆:西南大学,2014.

第四节　科技传播政策实施国际比较

一、科技传播政策实施主体比较

在科技传播政策的实施过程中，各国普遍以政府为主导，并积极协调多元主体共同参与。为了确保政策的有效落实，有些国家还会专门成立或委托特定的机构、组织，来承担具体的执行工作。然而，不同国家在投入力量、主体参与形式和组织间关系等方面存在着显著差异。

中国是典型的政府自上而下主导政策落实的国家。政策一旦颁布，政府便迅速成立特别小组负责执行。例如，为实施《全民科学素质行动计划纲要（2006—2010—2020 年）》，国务院专门设立了实施领导小组①。各相关部门、事业单位和人民团体都需按要求落实计划、开展活动，各级政府也将其纳入议事日程和业绩考核。这种实施方式是分层级、分阶段、分部门协调推进，高校、企业、各级科普协会等传播主体均被纳入其中，在政府的领导和规划下发挥各自的主观能动性②。

与中国不同，美国等西方发达国家更强调资金的市场化和社会化运作，政府在其中主要扮演激励和监督的角色。在美国，联邦政府会制

① 中华人民共和国中央人民政府：全民科学素质行动计划纲要（2006—2010—2020 年）[EB/OL].（2006 - 03 - 20）[2023 - 02 - 25]. http://www.gov.cn/jrzg/2006-03/20/content_231610.htm.

② 温竞华. 中国人大网：增强科普服务能力　提升全民科学素质：从执法检查报告看科普法推动科普惠民[EB/OL].（2022 - 08 - 30）[2023 - 02 - 25]. http://www.npc.gov.cn/npc/c30834/202208/498385164aed4bb89eaf2f6ba56c1632.shtml.

订资助计划,并与史密森学会等机构合作,推动与公众 STEM 教育相关的工作。政府要求相关机构承担科普责任,并通过预算、年度报告、听证会等方式进行监督和评估①。同时,政府联邦下设组织及其他民间团体借助市场力量具体实施,如国家科学基金会(NSF)、美国国家航空和航天局(NASA)、美国科学促进会(AAAS)以及默克制药公司等科学相关机构,形成较为成熟的科技传播体系。它们将科技传播作为发展战略的一部分,以获得民众支持,确保在高投入、高风险模式下实现可持续发展,形成良性的行业生态模式②。

澳大利亚在科技传播方面也有独特的方式。2007 年,澳大利亚政府将原本属于教育部门的科技传播职能转移到工业部门。政府资助主要是为了产生激励效应,调动多元主体的积极性。通过支持全国科学周、科学节、总理科学奖、科学竞赛等活动,澳大利亚政府推动科技传播,形成了"国家框架—地方行动"的实施模式③。

日本的科学技术振兴机构(Japan Science and Technology Agency,JST)同样值得关注。作为执行国家科学技术基本计划的核心,该机构的经费主要来自政府,工作重点是完善全国中小学理科教学体系、提升国民科学素养。除了政府主导外,日本认为产业界、学界和社会都应共同承担科学传播责任,大学和相关科研机构也是重要的实施主体④。

---

① 刘立,田起宏,李红林,曾国屏. 美国国家科学基金资助科学教育与普及的政策与实践研究[J]. 科普研究,2007(6):62 - 70,80.

② NASA: NASA STEM engagement [EB/OL]. [2023 - 02 - 25]. https://www.nasa.gov/stem.

③ 加斯科因. 澳大利亚科学传播的国家策略[C]//中国科普研究所(China Research Institute for Science Popularization). 中国科普理论与实践探索:2010 科普理论国际论坛暨第十七届全国科普理论研讨会论文集. 北京:科学普及出版社,2010:9.

④ 王蕾,场炼成. 日本科学技术振兴机构与科学传播事业[J]. 科学,2012,64(3):59 - 62.

二、科技传播政策资助机制比较

科技传播的经费来源主要包括两个方面：一是政府拨款，二是社会筹集。

政府资金主要源于财政计划拨款，其金额和分配情况，直观反映出政府对科技传播的支持力度、方向和重点的变化。在韩国①、英国②和芬兰③等国家，特别设立了科技传播彩票，将其作为重要资金来源之一。荷兰的彩票公司甚至直接隶属于教育部。由于科技事业主要依靠公共财政支持，纳税人对受公共资助的科研活动拥有知情权。基于这一权利与义务范畴，科研人员有责任将科学成果与更广泛的大众分享与交流④。通常情况下，当政府在政策落实中发挥主导作用时，政府资金在科技传播经费中的占比也会相应较大⑤。例如，在我国，政府投入约占科普活动总资金来源的 70%左右⑥。

然而，政府通常仅提供部分经费作为“催化剂”，剩余资金需执行机构从企业、民间基金会等其他渠道自行筹集。在注重市场化运作的西方发达国家，社会筹集资金甚至成为主来源。以美国国家科学基金会为例，它通常只提供项目所需经费的 1/3 至 1/2。同时，政府会利用政策杠杆来鼓励民间捐赠，在美国，向科技传播事业捐赠的企业可以享受

① 何苗.美英德日印丹麦等六国科普政策比较[J].教育，2006(9)：58－60.

② The National Lottery Heritage Fund. Museums, libraries and archives [EB/OL]. [2023－02－25]. https://www.heritagefund.org.uk/our-work/museums-libraries-and-archives.

③ Veikkau. Vuosi-ja vastuullisuusraportti [EB/OL]. [2023－02－25]. https://cms.veikkaus.fi/site/binaries/content/assets/dokumentit/vuosikertomus/2021/vuosi_vastuullisuusraportti-2021.pdf.

④ 周程.科学拓展活动在日本的体制化[J].科普研究，2012，7(5)：40－45.

⑤ 任鹏.中外科普活动比较研究[J].今日科苑，2020(5)：39－45.

⑥ 雷飏.科学技术部发布 2020 年度全国科普统计数据[EB/OL].(2021－11－23)[2023－02－25]. http://www.chinanews.com.cn/m/gn/2011/11-23/9614406.shtml.

税收优惠政策,这一种成熟的政策有力推动了科技传播良好生态的形成①。此外,企业还能与科技传播项目建立长期合作关系,如汽车等机械类企业为科技馆提供场地和资金,并以本品牌产品作为展示的科技设备,既助力科普事业,又为企业提供形象宣传和市场推广机会,实现双赢②。

三、科技传播政策监测评估比较

如何对科技传播的实施效果进行监测评估,是各国政策内容中不可或缺的部分。一般而言,在政策制定阶段,就会设定相应的评估体系或方法。这些评估不仅关注政策目标的达成情况,还涉及对落实过程的监测评价,以便为后续政策调整或政府工作提供参考依据。在具体实践中,各国采用的调查方法、衡量工具与指标体系各有特点。

发达国家的政府注重与专业机构合作,开发多元化的政策评估工具,并强调结果和信息的公开与共享。例如,美国构建的科学与工程指标体系,为评估和提升投资效率提供了有力的数据支持。澳大利亚注重对科技传播活动全过程的监测③。英国的 Sciencewise ERC 研发出用于衡量公众对话的工具和技术④。此外,欧盟国家还定期开展公民科学素质测量,以此辅助公共政策的调整⑤。

韩国的科技规划中设计了一套详尽的效果评估体系,围绕研究人

① 吴杨.中美两国基础研究社会捐赠比较及对我国的启示[J].科技进步与对策,2023,40(3):10-20.

② 朱辉.英美科学中心研究:特色、模式及效果[D].合肥:中国科学技术大学,2009.

③ NSF. Science and engineering indicators [EB/PL]. [2023-02-25]. https://www.nsf.gov/statistics/seind/.

④ Sciencewise. Public dialogue insights [EB/OL]. [2023-02-25]. https://sciencewise.org.uk/about-dialogue/dialogue-insights/.

⑤ 曾国屏,牛桂芹,邓华,等.科学传播普及问题研究[M].北京:清华大学出版社,2015:108-111.

员、企业、国民和创新生态系统，设定了 43 个可量化测度的具体指标，并对每个指标的目标值，作出了阶段性规定。借助这一体系，韩国能够加强规划的执行力度，明确目标导向。通过实时跟踪监测和评估结果，及时调整政策，确保科技传播工作朝着既定目标稳步推进①。

日本的综合科学技术创新会议（CSTI），负责组织科技传播项目资源调配和评价。CSTI 特别重视建立完善对《科学技术基本规划》实施效果的评估机制，并积极引入民间智库参与，将多元主体纳入评估流程之中②。

发展中国家在评估体系构建上也各有特点，以印度为例，既参考了国际性的科学素养指标，又充分考量与本土文化的关联，关注文化差距和公众理解等指标。由于国情特殊，印度政府还巧妙利用宗教节日开展相关调查③。

从上述情况可以看出，尽管各国科技传播评估的目标大体一致，但在体系发展程度、信息公开程度、要求细化程度等方面存在差异，这也体现了各国国情、理念以及政策实施方式的不同。近年来，随着各国公民科学素质测量体系的不断完善，测评成绩有了显著提升，这与政府的政策引导密切相关。

在中国，国务院在制定《全民科学素质行动计划纲要（2006—2020年）》时，明确提出制定《中国公民科学素质基准》以及构建《科学素质纲要》实施监测指标体系的要求。然而，这些相关规定在细节上尚显粗略，有待进一步细化和完善。尽管《中国科普法》未直接纳入效果评价

① 韩佳伟，玄兆辉. 韩国科技规划的目标指标及对我国的启示[J]. 全球科技经济瞭望，2020，35(6)：7－12，25.

② 李瑾. 日本科技创新决策机制和政策体系及启示[J]. 中国机构改革与管理，2021(4)：44－46.

③ 韩芳. 印度科学传播的模式与案例研究[D]. 合肥：中国科学技术大学，2019.

内容,但执法检查组等专门机构会定期监测其实施情况①。从政策实施效果来看,我国在实践中仍面临不少问题,如形式主义、政策实效不高②、市场多元主体积极性未充分调动③、科技传播教育体系不够完善④等。这些都是未来我国科技传播主体需要努力改进和发展的方向。

---

① 赵祯祺,王岭. 中国人大网:"要把科学普及放在与科技创新同等重要的位置":全国人大常委会科学技术普及法执法检查侧记[EB/OL]. (2022-09-07)[2023-02-25]. http://www.npc.gov.cn/npc/kgfb/202209/67860e9c845546008cd6c99e417b5c30.shtml.

② 杨娟. 中英美澳科学传播政策内容及其实施的国际比较研究[D]. 重庆:西南大学,2014.

③ 任鹏. 中外科普活动比较研究[J]. 今日科苑,2020(5):39-45.

④ 杨俊朋. 美、英、澳大学科学传播教育发展现状及其对中国的启示[D]. 合肥:中国科学技术大学,2009.

第四章

科技传播生态的国际比较与启示

科技传播生态研究借助生态学相关原理，将“生态”概念作为科学方法论，用以深入分析科技传播这一实践活动。科技传播本质上是一种社会活动，以科技信息为核心内容，通过各种媒介渠道在社会环境中展开，涉及多个主体的互动。这种活动具备生态属性，表现为多元主体间相互联系并维持动态平衡。

基于此，在开展科技传播的国际比较时，可从生态学视角出发，运用整体性、关联性、系统性、开放性及动态平衡性等原理，审视各国的科技传播框架体系，进而揭示全球科技传播的整体格局。这样的研究有助于深入理解科技传播的内在结构与运行规律，从而更有效地发挥科技传播的功能，实现既定目标。

本部分研究首先从概念层面探讨科技传播生态的内涵及其生态系统的构成，深入分析其特点。随后构建一个适用于单个国家或地区科技传播生态的通用评估框架，并基于该框架，提供中国与不同国家之间科技传播生态的比较案例研究。

第一节 科技传播生态的概念

一、渊源与基础

尽管科技传播生态研究可能涉及多学科交叉,但其主要根源在于传播研究和生态学研究。“生态”(ecology)一词源于古希腊语,由词根“oik-,oiko-”(意为“家庭、住所”)和“-logos”组合而成(意为“学问、研究”)。从字面看,生态描述的是有机生命体的居住环境。1869年,德国生物学家恩斯特·海克尔(Ernst Haeckel)首次将“ecology”定义为“对自然环境,包括生物体彼此之间的关系以及生物体与其周围环境的相互关系的研究”,开启了“生态(学)”作为一门科学的研究历程①。1935年,英国生态学家阿瑟·坦斯利(Arthur Tansley)提出“生态系统”(ecosystem)概念,指生物及其生存环境共同构成的实在系统,这一术语在生态学中占据重要地位,进一步推动了生态学的发展②。

传播学和生态学的交叉融合,始于北美地区的“媒介生态”研究。虽然一些学者将媒介生态的源头追溯至美国社会学家、科学哲学家刘易斯·芒福德(Lewis Mumford)等人的作品,但“媒介生态”概念更多与加拿大多伦多学派和美国纽约学派的研究相关③。

20世纪90年代,美国学者大卫·L.阿什德(David L. Altheide)提出“传播生态”(ecology of communication)概念,定义为“在环境(context)中

① Odum E P, Barrett G W. Fundamentals of ecology [M]. 5th ed. Belmont: Cengage Learning, 2004:1-3.

② Tansley A G. The use and abuse of vegetational concepts and terms [J]. Ecology, 1935,16(3):284-307.

③ Strate L, Lum C M K. Lewis Mumford and the ecology of technics [J]. New Jersey journal of communication, 2000,8(1):56-78.

的传播过程"，涉及信息技术、传播范式和社会行为三个维度①。从广义上讲，传播生态探讨了数字科技、交流媒介、通信渠道以及信息路径的架构、组织方式和可及性，旨在阐述在社会和物质背景下，人们如何借助数字科技等通信工具组织社会活动，以促进社会的和谐与进步②。阿什德承认其思想受麦克卢汉、英尼斯等一批学者影响，其观点被视为北美媒介生态学的一个分支，特别是媒介控制论的代表。

在中文语境下，"媒介生态"概念的使用主要有三种思路。一是遵循北美研究传统，将"media ecology"称为"媒介环境（学）"，侧重于将媒介视为环境展开研究③④。二是承认中国"媒介生态"研究源于北美，但在研究视角、内容和方法上结合中国传统文化和学术传统，进行了更新和创新，提出媒介生态系统（media ecosystem）作为核心概念和基本分析单位⑤。三是将中国的媒介生态与北美的"media ecology"区分开来，视为一个宏观概念，强调媒介与社会环境间的相互关系，人类只是这个生态系统的一部分⑥。无论哪种思路，都基于社会生态学研究，运用生态学方法揭示有媒介参与的社会现象背后的过程和规律。

二、含义与研究意义

综合考虑前述概念的起源和研究的理论基础，从最广泛的意义上解读，科技传播生态指的是在科技传播过程中，各个组成要素之间以及

---

① Altheide D L. An ecology of communication: toward a mapping of the effective environment [J]. The sociological quarterly, 1994,35(4):667.

② Altheide D L. An ecology of communication: cultural formats of control [M]. 1st edition. New York: Aldine Transaction, 1995:2－8.

③ 何道宽. 媒介环境学辨析[J]. 国际新闻界，2007(1)：46－49.

④ 林文刚. 媒介环境学：思想沿革与多维视野[M]. 何道宽，译. 北京：中国大百科全书出版社，2019：第一版译者前言.

⑤ 曹爱民，潘元金. 中国媒介生态学的几点思辨[J]. 新闻爱好者，2012(10)：1－2.

⑥ 崔保国. 媒介是条鱼：理解媒介生态学[J]. 中国传媒报告，2003,4(2)：17－26.

这些要素与外部环境之间所形成的一种相互作用、相互依存的关系网络。这种生态网络不仅涵盖科技信息的传播渠道、媒介平台和技术手段，还涉及社会环境、文化背景以及公众认知等多个层面，共同构成科技传播活动的复杂生态系统。针对科技传播的不同理解，科技传播生态在具体层面上有几种不同定义。

从新闻传播业务角度出发，科技传播被视为一种科技信息传播行为。科技传播生态由信息资源、环境资源、媒介资源、受众资源和人文资源等交织构建，并在这些资源共同作用下运转。其中，信息资源涵盖与科技报道相关的背景信息和特质信息；环境资源包括具象和抽象两方面；媒介资源是连接各系统、实现有效传播的工具；受众资源是新闻传播价值的主要体现者；人文资源则体现在科技信息的多样化、情感化和通俗化表达上①。

从传播生态学视角看，科技传播生态描述了科学技术信息在传播过程中与政治、经济、文化等社会环境之间的相互作用关系。它是科学技术信息的生产者、传播者、接收者之间通过信息传递相互依存、相互制约的有机系统②③④。

对科技传播生态的研究，不仅丰富了科技传播交叉学科的理论建设，还将科技传播研究引入生态学领域，为传播学研究提供了新的视角、方法和路径。这种研究路径具有科学性和可操作性，借助生态学理论与方法，能够揭示科技传播生态构建的内在规律和机制。同时，科技

① 王逸涛.科技信息报道中的新闻资源整合：随海上测量船报道“神六”[J].中国广播电视学刊，2006(2)：65－66.

② 郑保章，杨理光.科技传播生态中的能量运动[J].科技进步与对策，2009，26(5)：97－99.

③ 郑保章，杨理光.我国科技传播生态现状及管理[J].河北师范大学学报(哲学社会科学版)，2007(5)：142－146.

④ 倪向阳，马永军.科技期刊关键词的标引及其信息传播生态效果[J].编辑之友，2011(7)：48－450.

传播的生态学隐喻有助于深化传播学与生态学的结构隐喻，推动传播生态学发展①。

在国际比较研究中，借鉴国际前沿的理论视角和研究成果，有助于推动中国传播生态学和科技传播生态理论的本土化与发展创新。这种研究不仅有助于揭示和理解科技传播的本质及运行规律，还能更好发挥科技传播的社会功能。通过深入分析科技传播的内在机理，我们可以更系统地把握科技传播的状态，提出有效的管理方案，促进科技传播的有序进行和良性发展，从而推动科学技术的发展和社会的进步。

科技传播生态的国际比较研究，还能为中国构建高效的国家科技传播体系以及更广泛的国家创新体系，提供国际经验和教训的参考②。

第二节　科技传播生态系统的构成

一、科技传播生态系统的内涵

在生态学中，生态系统作为生态层次的第一级单位，完整涵盖了生物生存所需的所有要素，因此也是开展生态学理论研究和实践的基本单位。一个生态系统是指在某一特定区域内，所有生物群落与其所处环境相互作用、相互影响，共同进行明确且有序的物质循环和能量流动过程的统一整体。这个整体维持着生态平衡，确保了系统内生物多样性和环境的稳定性③。与之类似，科技传播生态系统是进行科技传播生

① 郑保章，何苗，李良玉. 新媒体环境下中国科技传播生态及其评价体系建构分析[M]. 北京：科学出版社，2021：5－21.

② 杨理光. 我国科技传播生态研究[D]. 大连：大连理工大学，2007：6－7.

③ Odum E P, Barrett G W. Fundamentals of ecology [M]. 5th edition. Belmont: Cengage Learning, 2004:18.

态研究的基本单位。广义而言，它指的是一定范围内，参与科技传播活动的所有群体，以及与之相互作用的外部政治、经济、法律、文化社会环境，通过科技信息流动和科技知识循环，共同构成的具有特定结构和功能的有机整体①。

这些组成成分或要素，在功能类型框架下可分为传播实体、资源和环境。传播实体是科技传播生态系统中具有主观能动性的部分，包括传统意义上的传播主体和接受主体②。根据功能与角色的不同，传播实体可进一步细分为多个层次。一级生产者，即科技信息的原始制造者，如科技共同体、科研机构、科学家、科普教育家等；二级生产者，是以主导管理或实施传播扩散为主要功能的单位、机构或个体，如政府机构、科技博物馆、大众传媒等；三级生产者，也就是科技信息的终端转化者，他们致力于科学普及，确保受众能够充分理解、消化并自主运用科技知识和信息，是科技信息在生态系统中渗透、循环的关键主体（见表4－1）。

表4－1　科技传播生态系统中的生产者实体

<table>
<tr><th>层次划分</th><th>功能角色</th><th>举例</th><th>5G时代</th></tr>
<tr><td>一级生产者</td><td>科技信息的原始制造者</td><td>科技共同体
科研机构
科学家
科普教育家
国际科技会议
……</td><td rowspan="2">专业内容生产（PGC）
用户内容生产（UGC）
职业内容生产（OGC）
↓
机器生产内容（MGC）
人工智能生产（AIGC）</td></tr>
<tr><td>二级生产者</td><td>科技信息的主导管理者传播扩散者</td><td>政府机构
科技博物馆
各级科技类媒体
……</td></tr>
</table>

① 郑保章，刘则渊. 我国科技传播生态健康评价探析[J]. 大连理工大学学报（社会科学版），2010，31(3)：72.

② 杨保军. 论传播主体与接受主体的关系[J]. 国际新闻界，2003(6)：44－48.

（续表）

层次划分	功能角色	举例	5G时代
三级生产者	科技信息的终端转化者	科普日 科普活动 科普小组 互联网科普博主 ……	

二、科技传播生态系统的结构

在互联网时代，受众不再仅仅是科技信息的接收者或“消费者”，同时也可能成为二次乃至多次传播的生产者。传播实体的概念反映了科技传播从单向向双向、多向发展的转变，所有主体都是参与者，能够在传播过程中积极行动。理想状态下，主体之间应相互尊重、平等交流①。

进入5G时代，科技传播生态系统中的传播实体概念进一步扩展。不仅人类个体、群体或组织在生产专业内容（PGC）、用户内容（UGC）、职业内容（OGC），机器、人工智能（AI）等其他物质实体也开始扮演重要角色。在全球范围内，机器生产内容（MGC）正成为科技传播内容的重要生产主体，实现了人与机器的协同工作。例如，AI技术通过学习和分析人类知识，能够在多个领域生产信息，并影响科技知识的传播路径。5G技术的支持让机器的角色更加多样化，从制造者到传播者，“万物皆媒”的趋势正在丰富和塑造当下的科技传播生态，为人类提供了更丰富的反馈。

资源是科技传播生态系统中信息、能量和物质要素的集合。首先，信息资源以科技信息为核心，这是科技传播的主要内容，实现信息共享

① 邵培仁．媒介生态学：媒介作为绿色生态的研究［M］．北京：中国传媒大学出版社，2008：115－116．

是科技传播的重要目标。在科技传播生态系统中，科技信息的流动如同自然生态系统中的能量流动，是驱动系统运转的关键力量。由于科技信息具有可重复利用、可复制性以及科学技术的增值性，信息资源在生态循环中呈现螺旋上升的态势。信息资源的具体形式丰富多样，包括科技图书、科技期刊、科技新闻、科技影视等。其次，信息资源的传递和流动离不开渠道资源，即媒介。这些媒介不仅承担着信息的记录、传输、积累和保存工作，还反映出生态系统中不同主体间的权力关系。最后，无论是信息还是媒介，都需要有物质基础作为载体，这包括非生物物质、有机体和生物物质。例如，信息技术作为传播生态的重要维度，不仅涵盖外部设备和程序，甚至包括人体的一些功能性。

对于单个科技传播生态系统而言，资源来源途径多样。它可能来自系统内部，比如生产者创造出的新信息资源，或者新传播实体带来的新渠道和物质资源；也可能来自外部，比如信息随着物质资源从其他系统传入，又或者传播实体的迁入引入新的渠道资源。在全球化的背景下，不同国家的科技传播生态系统之间资源流动频繁，但也因竞争而存在资源转移和流失的情况。

环境是科技传播生态系统中除传播实体和资源之外的部分，包括自然环境和社会环境。自然环境是人类生存和发展的基础，而社会环境是科技传播生态系统研究的重点，涉及政治、经济、法律、文化和技术等多个方面。政治环境主要影响科技传播的政策导向；经济环境决定着科技传播的发展水平和能力；法律环境为科技传播提供法规支持；文化环境影响着民众对科技的接受程度和应用水平；技术环境则直接影响科技传播的效率。

总体来说，从口语时代发展到网络时代，尽管科技传播活动逐渐减少了对自然环境的依赖，但仍受到社会环境的深刻影响。各种环境因素相互促进、相互制约和相互影响，共同维持着科技传播生态系统的持续运行[①]。

第三节　科技传播生态系统的特征

一、多样性与共栖性

从科技传播生态系统的构成视角来看，其多样性特征主要体现在传播主体的多元性方面。一个发展成熟的科技传播生态系统，理应涵盖丰富多元的主体，并且每个主体都能在其中找到合适的位置。与此同时，随着受众需求的日益细化，他们会依据自身需求，选择契合的媒介消费形态。具体来说，不同国家基于各自独特的资源基础和发展环境，会规划出具有本国特色的生态发展路径，积极鼓励各级机构、单位、民间组织或个人开展多样化的传播活动。

除了传播主体呈现多样性，各主体在传播形式上同样展现出丰富的多样性。例如，英国科学促进协会作为该国规模最大且影响力最广泛的民间科普组织，通过主办国家科学周、科学节等活动，在年轻人群体中产生了极为深远的影响。德国则凭借其众多全球知名的博物馆项目为媒介，借助专业策展团队进行空间重组，生动展现出丰富的历史与文化，成功实现了博物馆科教文化的多样化传播。而日本在科技传播方面更侧重于影视传播，通过举办科技电影节、儿童科学电影节等活动以及制作科教电影，大力促进科学知识的普及。

在生态学中，共栖是一个关键概念，它指的是生物之间相互不造成损害，至少对一方有益的生存关系。在科技传播生态系统中，各类传

---

① 郑保章，何苗，李良玉. 新媒体环境下中国科技传播生态及其评价体系建构分析[M]. 北京：科学出版社，2021：52 - 54.

播主体既有所分化，又彼此协作，通过角色分工、功能互补和特性改良，共同构建了一个紧密相连、立体动态的传播生态。科学家与媒体之间的共栖关系便是典型例证。媒体是公众获取科学知识的重要渠道，而科学家、科学评论员或学科作者则是这些渠道内容的提供者，他们共同为公众带来新颖、优质的科普内容。同时，科学家也借助媒体的力量，将科研成果展示给公众，以此树立自身的学术形象，扩大社会影响力。当然，科技传播生态中的各个传播主体之间都存在着不同程度的共栖关系，他们在互动交流中相互成就，共同推动着科技传播事业的发展。

二、机械性与有机性

机械性与有机性作为一对相对的概念，常被用于描述科技传播生态系统中传播主体的特性。从前述的层次框架而言，科技传播生态系统的机械性或有机性，主要由政府介入科学传播实践的程度来衡量。

科技传播生态的机械性体现在国家政府机关作为科层性质的“机械组织”，往往倾向于采取宏观、顶层和理性的科学管理实践，目的在于提升科学传播生态的质量。然而，随着全球现代化的推进，人们逐渐意识到科层制组织存在官僚主义倾向，这可能不利于组织结构和系统的协调适应，甚至会对生态循环的效率产生负面影响。因此，各国纷纷针对科技传播生态系统进行“流程再造”，推动其从“机械性”向“有机性”转变。

相比之下，科技传播生态系统的有机性呈现出一种可持续发展、结构扁平且重视信息技术的系统状态。它着重强调生态系统中各传播主体（特别是中下层传播主体）的自主性和可持续发展能力。与此同时，生态系统的层级结构趋向扁平化，信息技术的发展为上层组织的管理提供了便利，逐渐消解了生态中的权力集中问题。从全球科技传播的发展趋势来看，各国都在逐步实现从机械性到有机性的转变，但有机化的程度不尽相同。以我国为例，科技传播生态的机械化程度相较于西方发达国家仍然偏高，主要依靠政府自上而下的推动。而在英国，民间组织是该国科技传播生态系统有机运转的重要驱动力，这一力量不容小觑。这表明，在推动科技传播生态系统向有机性转变的过程中，各国需要根据自身国情和发展阶段，探寻适宜的路径和策略。

三、流动性与集群性

能量作为生态系统的基石，其流动是生态系统中最为普遍的运动现象。在科技传播生态系统中，资源（如"内容"和"信息"）是这一生态系统的重要组成部分，更是流动的核心要素。在一个健康的科技传播生态中，各类资源能够相互利用、交换，呈现出活跃的流动态势。

从历史的维度来看，无论是国家内部还是国家之间，资源的流动在经过充分且密切的交换后，通常会展现出一种趋于稳定的集群性特征。作为科技传播的前端，科技创新产业的地域集群性对科技传播生态系统的平衡发展具有显著影响。这种集群性表现为，在某一国家的科技领域内，个人、组织和机构在地理位置上趋于集中，并构建起紧密的联系网络，进而形成生态集群。这些科技传播生态集群与当地的经济环境紧密相连，基于集群的科技创新产出往往伴随着较大的传播影响力。这一特征不仅体现在资源的聚集方面，也体现在传播主体的聚集上。以美国为例，其科技传播生态呈现多中心散点状的分布，主要集中在沿海沿湖地区。西部有旧金山硅谷，东部有高科技公司集群的波士顿和华盛顿，南部则有领先的科技中心奥斯汀。此外，西雅图、科罗拉多州的博尔德以及阿拉巴马州的亨茨维尔在航空工程和生物科技领域均有所布局，而芝加哥则凭借其顶尖学府吸引了大量科学家和科研人才。

世界各国的科技传播生态集群在竞争力和影响力上存在差异，这与它们所拥有的科技资源数量和质量密切相关。集群内部既有竞争也有合作,当某个区域的科技资源丰富且利用率高时,资源便会向资源较少的区域流动和扩张。除了美国硅谷高科技产业集群、日本筑波科学城、中国的北京中关村科技园等,都是各自国家科技传播生态的集群高地,它们内部竞争激烈,但也孕育出了一批高精尖的科技创新产业,并向外拓展自身的科技影响力。有学者指出,科技发达的国家通常拥有具有全球影响力的传播媒介,能够更好地支持科技信息的流动,并在其他国家设立跨国科技企业。这种对外的流动与产业扩张确实带有一定的“入侵”色彩。

四、共生性与共享性

共生的概念最初源自生物学,它描述的是不同种类的有机体因紧密共生而形成的共生体①。随着该概念的拓展,共生观点已成为社会科学领域探讨生态系统与组织关系演化的重要理论工具。在科技传播生态的构成中,用共生的概念来描述资源的创造与创新以及传播主体之间的协同配合,尤为恰当。

在科技传播生态中,政府、高校、科研院所、高科技企业、科技组织等科技传播主体,均可视为共生单元。各级政府拥有决策权与资源调配能力,高校和科研院所拥有丰富的智力资源,企业是科技创新资源的重要来源,而科技组织则是人才资源集聚交流的中心。这些共生单元通过产学研联盟、科技资源共享平台等机制,实现信息交流和资源传递②。在科技资源的集聚、高效流动、合理分配的过程中,它们动态协同,形成共生关系。

然而,从全球化视角审视科技传播生态的发展现状,科技资源的共

---

① Wernerfelt B. A resource-based view of the firm [J]. Strategic management journal, 1984,5(2):171－180.

② 蔡瑞林,郝福锦,吴敏. 基于社会资本的科技资源共享研究[J]. 企业经济,2012,31(8):141－144.

享性更多地处于一种理想状态。科技资源共享的最大价值在于资源的增值与利用,因此科技资源共享平台一直备受学界和业界的关注。但在全球化进程中,全球产业链相互依赖,各国之间各有长处与短板。为了维护自身的经济和政治利益,大国之间往往采取技术封锁等手段,构建技术壁垒。这致使各国之间的科技资源共享往往不涉及核心技术,或仅仅停留在表面,难以实现真正的共享与协作。

五、泛在性与自组织性

5G,即第五代移动通信系统(5th-generation mobile communications system),深度融合了云计算、人工智能、边缘计算、虚拟化等前沿技术,呈现出高速率、高带宽和低时延的显著特性。5G 不仅打破了物理世界与数字世界之间的界限,优化了人与人之间的交流体验,更为人与物、物与物之间的连接筑牢了坚实基础。

在 5G 时代,科技传播生态经历了深刻重塑,泛在式信息传播得以实现。作为新技术、新工具的应用层,5G 让万物互联成为可能,构建起一个泛在性的信息传播生态。在这一生态体系中,科学知识能够在各种网络环境下的科教基础设施中进行传播、转化、计算、输出,并应用于智慧科普平台、沉浸式科学传播、交互式科学传播等多元化场景。从科技传播生态的构成层面来看,泛在性体现在传播实体和资源的无处不在。物联网中的任何物体都有潜力成为科技传播实体,而资源的泛在则是传播实体泛在所带来的直接结果。

此外,自组织性也是 5G 时代科技传播生态的重要特征。就如同自然生态中的要素依靠自组织方式运转一样,在科技传播生态中,公众借助互联网自发推动科技信息的扩散和传播。公众既是传播者也是受众,他们更加积极地参与信息生产与分享,形成了一股无组织却极具影响力的力量,成为科技传播生态中的中坚力量。

展望未来,机器和 AI 将进一步提升内容生产力。在自组织性更强的互联网环境中,它们能够自主收集、抓取、加工、传播泛在的科技资源,这极大地节省了生态中科学普及成本的人力资源,让科学家和科研人员能够得以更专注于科技创新。在元宇宙的世界里,科技传播甚至有可能突破物理世界的限制,实现即时性和广泛连接。元宇宙将成为科技系统化创新的平台,而 AI、数字视觉技术将提升科技传播的沉浸感和临场感,成为人类数字化生存的重要传播方式。

第四节　科技传播生态健康评估及国际比较

一、科技传播生态健康及其评估框架

生态健康,作为健康概念在生态领域的延伸,指的是生态系统所呈现出的健康、良好状态。狭义上,它特指生态系统健康,即对生态系统在结构、功能、可持续性、复杂性和恢复力等方面的最佳状态进行评估[①]。一个健康的生态系统应维持稳定且具备可持续性,其组成成分、结构和功能需完美契合并高效运转。同时,这样的生态系统还能满足人类发展需求,为人类社会的生存与发展提供必要支撑[②][③]。在科技传播领域,生态健康则是指科技传播生态系统具备合理的构成要素和稳定的结构关系,能够实现传播实体之间、传播实体与环境之间的良性互动,并确保资源的合理流动和循环。这样的科技传播生态系统能够维持

---

① Rapport D J. The health of ecology and the ecology of health [J]. Human and ecological risk assessment: an international journal, 2002,8(1):205.

② 王庆礼,陈高,代力民,等.生态系统健康学:理论与实践[M].沈阳:辽宁科学技术出版社,2007:19-28.

③ Rapport D J. The health of ecology and the ecology of health [J]. Human and ecological risk assessment: an international journal, 2002,8(1):205.

良好运作和整体功能状态，为科技信息的传播提供有力的保障①。

科技传播生态健康的重要性日益凸显。对于一个国家或地区而言，拥有健康的科技传播生态是构建完善的现代科技传播体系、促进科技传播能力建设、充分发挥科技传播社会功能以及提升国际科技传播影响力的关键。从国际竞争的视角来看，健康的科技传播生态更是国家制定有效科技传播战略、实现科技发展目标的重要基石。因此，为全面、科学地衡量科技传播生态的健康状况，构建一个具备可操作性和有效性的评估框架显得尤为重要②。

根据科技传播生态的概念，评估科技传播生态健康可从两个核心维度着手。其一，应聚焦于特定范围内科技传播过程所涉及的各主体、资源和环境的内在属性，即评估一个科技传播生态系统自身的整体状况。其二，需要关注参与科技传播的各要素之间的相互关系，以全面理解系统的运作机制。

过往研究主要集中在第一个维度，提出了包含多层级指标的评价体系，用于衡量科技传播生态系统中主体和环境的属性③④。然而，本研究认为，针对科技传播生态中涉及的相互作用和相互关系等抽象概念，还需进一步考察系统的结构和科技传播能力。系统结构能够在一定程度上揭示各要素之间的数量比例关系和变动影响，而科技传播能力则从功能结果的角度，评估过往一段时间内各要素之间关系的健康

① 郑保章，刘则渊．我国科技传播生态健康评价探析[J]．大连理工大学学报（社会科学版），2010，31(3)：72．

② 郑保章，何苗，李良玉．新媒体环境下中国科技传播生态及其评价体系建构分析[M]．北京：科学出版社，2021：118－120．

③ 郑保章，刘则渊．我国科技传播生态健康评价探析[J]．大连理工大学学报（社会科学版），2010，31(3)：72－75．

④ 郑保章，何苗，李良玉．新媒体环境下中国科技传播生态及其评价体系建构分析[M]．北京：科学出版社，2021：121－140．

程度①。

因此,针对某一特定国家或地区的科技传播生态健康评估,可采用一个包含多维指标的一般性框架,如表 4-2 所示,以全面、系统地评估其科技传播生态的健康状况。

表 4-2 科技传播生态健康的评估框架

基本维度	一级指标	二级指标	三级指标示例
科技传播生态系统健康	传播实体	生产者	道德伦理水平、专业素养、创新能力、创作意愿
		传播者	媒体素养、资源管理能力、传播覆盖状况、舆论引导能力
		接收者	基本科学素养、科技理解能力、科技接受度、再传播意愿
	资源	信息资源	科技著作出版质量、科技新闻报道质量、科技影视作品创作质量
		渠道资源	电信与网络普及率,科技报刊、广播电视频道、影院、网站、移动 App 现状,科技场所运营现状
		物质资源	科技传播基础设施建设情况、科技传播活动的物料投入状况、科技工作人力资源现状
	环境	政治环境	所在国家或地区的政治氛围、科技传播的监管和支持政策、国际地缘政治形势
		经济环境	所在国家或地区的经济模式、社会整体经济发展水平、科技产业规模和结构、科技传播活动的经费规划和保障情况
		法律环境	所在国家或地区的法律体系、已颁布实施的科技相关法规、承认接受的国际法规

① 翟杰全. 国家科技传播能力:影响因素与评价指标[J]. 北京理工大学学报(社会科学版),2006(4):3-6.

（续表）

基本维度	一级指标	二级指标	三级指标示例
科技传播生态系统健康	环境	文化环境	社会对科技发展的推崇程度、社会整体价值取向、社会信用体系状况①、媒体科技资讯发布量
		技术环境	科技专利拥有量与实施量、国际国内技术贸易指数②、科技项目在研量与完成量、科技工程开发和迭代进展、科技资源加密与安全防护能力
科技传播生态内在关系的健康	科技传播生态系统结构	组分结构	传播实体的多样性与共栖性情况，不同传播实体的数量比例关系、功能分布状况、相互转化情况，机构生产者（科技场馆、科技协会、专业科技媒体、科技企业、大学）的人均拥有数量
		时空结构	传播生态系统的开放程度，传播实体的地理空间分布（集聚程度），传播实体构成的历时演变情况，传播生态系统时空结构的利用效率
		传播结构	资源内部流动和循环情况，与外部（其他国家和地区）系统传播实体和资源的共享、交换、转移情况
	科技传播能力	传播效能	所在国家或地区政府对科技传播实体的管理能力，科技信息生产者和传播者的活跃度（科技期刊的载文量和作者数量、科技会议和展览等活动的数量和频次、网络科技论坛社区的活跃用户数量），科技信息生产者和传播者的友好程度，传播实体之间的互动程度，科技信息的曝光率和触达率，科技产业的实际资产规模，科技传播活动的实际政策落实情况、经费投入规模，科技传播人才和资源的保障措施和潜在储备情况（科技传播工作物质保障和福利待遇、科技传播专业高等教育在读人数、人才培养经费）

① 郑保章，何苗，李良玉. 新媒体环境下中国科技传播生态及其评价体系建构分析［M］. 北京：科学出版社，2021：139.

② 翟杰全. 国家科技传播能力：影响因素与评价指标［J］. 北京理工大学学报（社会科学版），2006(4)：3－6.

（续表）

基本维度	一级指标	二级指标	三级指标示例
科技传播生态内在关系的健康	科技传播能力	传播影响力	科技期刊论文的被引频次和影响因子，科技期刊、著作和专利的被引量，科技传播媒体的国际知名度（互动数据）和口碑，科技场所的国际知名度和口碑，科技传播专家、学者与网络意见领袖的影响力

在表4-2构建的评估框架下，三级指标一部分可以直接通过客观定量数据衡量，另一部分因难以直接用量化数据测量，在具体评估分析时，需采用更细致的观察数据，或征询专家及传播活动参与者的意见进行主观评价。针对这些指标，可运用多种评估方法，如专家评估法、双基点法（TOPSIS法）、数据包络分析（Data Envelopment Analysis, DEA）、主成分分析法（Principal Components Analysis, PCA）、模糊综合评价法（Fuzzy Synthetic Evaluation, FCE）、熵权法评价（Entropy Weight Method, EWM）、投影寻踪法（Projection Pursuit Analysis, PPA）、随机前沿分析（Stochastic Frontier Analysis, SFA）以及人工神经网络（Artificial Neural Networks, ANNs）评价法等。这些方法能够结合定量和定性分析，为全面评估科技传播生态健康提供有力支撑①②③。

二、中国科技传播生态的健康状况分析

对于中国而言，深刻理解和把握本国的科技传播生态的健康状态，是改善当前科技传播环境、提升科技传播能力，进而增强国家科技创新

① 郑保章，何苗，李良玉．新媒体环境下中国科技传播生态及其评价体系建构分析[M]．北京：科学出版社，2021：122-127．

② 姚曦，郭晓譞，贾煜．价值·互动·网络：城市品牌国际传播效能评价指标体系建构[J]．新闻与传播评论，2022，75(4)：106-115．

③ 丛挺．移动场景下学术期刊知识传播效能研究[J]．出版发行研究，2019(10)：20-23．

体系能力的关键前提。

基于现有研究，我们发现，在统一的评价指标体系下进行比较，运用模糊综合评价法开展的实证分析显示，过去十余年间，中国科技传播生态系统的健康状况有了显著改善。这一系统从原先接近亚健康的状态，逐渐过渡到当前较为健康的状态。然而，与理想的健康科技传播生态标准相比，中国的科技传播生态仍存在一定失衡，面临诸多风险隐患与发展挑战。这些问题包括传播主体伦理失范、传播导向偏差、传播内容虚假泛滥、数字鸿沟加剧、传播媒介功能重叠引发的同质化竞争以及过度娱乐化趋势等①②。

（一）科技传播生态系统传播实体的健康状况

在科技传播生态系统层面，传播实体整体呈现出较为健康的状态。生产者群体中，多数人的道德伦理水平较高，但仍有部分科技研究单位、科技工作团体，以及个别科技工作者和科技传媒相关人员，存在道德和科研伦理失范问题。近年来，中国科技工作者的稿件不时被境外知名学术期刊撤稿，甚至出现大规模撤稿事件，这一现象引发了社会的广泛关注③。

中国科学技术协会在 2017 年组织开展的第四次全国科技工作者状况调查（以下简称“2017 年调查”）显示，51.4%的科技工作者认为急功近利、学风浮躁的问题较为严重。尽管从 2013 年至 2017 年，中国科研诚信状况有明显改善，但问题依然突出。47.6%的科技工作者认为，中国科研诚信和创新文化建设相对薄弱，挂名未参与的科研成

---

① 郑保章，何苗，李良玉. 新媒体环境下中国科技传播生态及其评价体系建构分析[M]. 北京：科学出版社，2021：55－68.

② 郑保章，刘则渊. 我国科技传播生态健康评价探析[J]. 大连理工大学学报（社会科学版），2010，31（3）：72－75.

③ 李霞玲，陈炜，管锦绣. 科研诚信“自律”与“他律”协同建设的内在逻辑及现实路径研究[J]. 科技进步与对策，2022，39（13）：124.

果、抄袭剽窃、代写论文、捏造篡改科研结果、一稿多投、伪造专家鉴定和提供虚假同行评议等学术不端行为较为普遍。研究者群体自律不足、评价制度和监督机制不完善,被认为是这些行为发生的主要原因①。

在科技伦理方面,虽然科技工作者普遍认可科研伦理的重要性,但也承认中国科研人员的科研伦理道德水平总体不高,违反科研伦理道德的现象时有发生②,这引发了公众对科技伦理治理的担忧③。

从科技专业素养来看,科技工作者、科技传播者和科技传媒相关人员的学术水平仍有较大提升空间④。2017 年调查表明,与世界科技强国的科学家相比,中国科技工作者的科研能力整体处于落后状态,但也有 27.9%和 7.8%的科技工作者认为差不多或更好,相比 2013 年的调查结果有了显著提高⑤。

在科技创新能力和对科技信息的生产意愿方面,中国处于较为健康的状态。世界知识产权组织发布的《2022 年全球创新指数》显示,中国在创新领域的全球排名近年来稳步上升,从 2012 年的第 34 位升至 2022 年的第 11 位,并且拥有与美国数量相同的全球顶级科技创新集群⑥。此外,对科技工作者开展的科普工作状况调研显示,接近 94%的受访科技工作者表示非常愿意参与科普工作,超过 91%的调查对象认为有必要参与科普工作,45.28%的调查对象认为科普工作是科技工作

---

① 全国科技工作者状况调查课题组. 第四次全国科技工作者状况调查报告(2017)[M]. 北京:中国科学技术出版社,2018:468-473.

② 操秀英. 尊崇科研伦理不能只是“嘴上说说”[N]. 科技日报,2018-01-19(1).

③ 李思琪. 科技伦理与安全公众认识调查报告(2021)[J]. 国家治理,2022(7):43-47.

④ 郑保章,何苗,李良玉. 新媒体环境下中国科技传播生态及其评价体系建构分析[M]. 北京:科学出版社,2021:194.

⑤ 全国科技工作者状况调查课题组. 第四次全国科技工作者状况调查报告(2017)[M]. 北京:中国科学技术出版社,2018:545.

⑥ World Intellectual Property Organization (WIPO). Global Innovation Index 2022: What is the future of innovation-driven growth? [R]. Geneva: WIPO, 2022:19,23.

者的责任，应积极倡导和组织参与①。

传播实体中的传播者群体整体处于较为健康的状态，但在媒体素养方面仍需警惕②。部分中国科技传播机构和人员在传播科技信息时，存在报道失实、不准确的现象。尽管电视、报纸、期刊、网络新媒体等大众传媒作为传播者的主力军已取得一定成果，但在科技信息鉴别能力、科技传播行为规范性、专业人才培养、内容报道形式多样性等方面，仍有待提升③。特别是在当前环境下，急功近利的现象较为明显，科研宣传与公众需求之间存在一定的错位。

在科技传播资源管理能力方面，传播者群体同样呈现出较为健康的状态，具备基本的调控和监管能力，且在相关法规的规范下取得了进步④。然而，由于缺乏专业的传播资源管理人才，以及监管机构职责重合、责任与利益冲突等问题，相关工作仍需进一步加强和完善。

从传播实体的覆盖状况来看，中国的科技传播已取得了显著成效。近年来，广播节目和电视节目的综合人口覆盖率已达99%以上⑤，地面数字电视覆盖网已全面建成⑥，宽带网络在行政村和学校中广泛覆盖⑦。此外，千兆光网和5G基站的建设，大幅提升了网络覆盖能力⑧。

---

① 王英俭，陈套，贺晓航．我国科技工作者开展科普工作影响因素与对策实证研究[J]．科普研究，2019，14(4)：5-13，49，110.

② 郑保章，何苗，李良玉．新媒体环境下中国科技传播生态及其评价体系建构分析[M]．北京：科学出版社，2021：195.

③ 武丹，钟琦．媒介·科技·传播　大众传媒科技传播现状研究[M]．北京：科学出版社，2017：72，119，237-241，316.

④ 郑保章，何苗，李良玉．新媒体环境下中国科技传播生态及其评价体系建构分析[M]．北京：科学出版社，2021：197.

⑤ 中华人民共和国国家统计局．国家数据[EB/OL]．[2023-02-25]．https://data.stats.gov.cn/easyquery.htm?cn=C01&zb=A0Q0B&sj=2021.

⑥ 白瀛．我国地面数字电视覆盖网已全面建成[N]．科技日报，2022-07-29(7).

⑦ 王政．我国现有行政村已全面实现"村村通宽带"：完善信息网　发展有保障[N]．人民日报，2022-01-04(6).

⑧ 王政．我国建成110个千兆城市[N]．人民日报，2023-02-20(1).

近十年间，中国科技场所基础设施建设也实现了突破。达标实体科技馆数量从2012年的118座增长至2021年底的408座，总建筑面积达442.05万平方米，另有在建科技馆115座；累计建设农村中学科技馆1112座，在连片贫困地区的覆盖率达90%，覆盖乡村的科普服务网络基本形成①。2021年度全国科普统计数据显示，包括科学技术类博物馆在内的科普场馆数量大幅增加，城市和农村的科普活动场地也得到了有效扩展。2021年，中国共有包括科学技术类博物馆在内的科普场馆1677个，比2015年增加33.2%；全国城市社区科普（技）专用活动室4.78万个，农村科普（技）活动场地19.45万个；科普宣传专用车1160辆；流动科技馆站1476个；科普宣传专栏22.05万个②。

在舆论引导能力方面，中国的官方行政主体、专业媒体和主流专家学者长期承担着舆论引导的重要职责，并建立了较为规范的信息采编、审核和发布机制。然而，在新媒体环境下，过于强调舆论引导，有时会导致科技传播视野受限，出现科研宣传与受众需求错位的问题③。此外，面对与科学有关的突发公共事件时，还需建立更加统一和高效的应急科技传播机制④。

传播实体中的接收者群体总体也处于较为健康的状态。首先，作为最广泛受众的普通公众，其基本科学素养已达健康基准。第十一次中国公民科学素质抽样调查结果显示，2020年中国公民具备科学素养

① 詹媛.科技馆基础设施建设实现突破[N].光明日报，2022-06-17(8).

② 温竞华.全国科普统计数据：2021年全国共有科技馆和科技类博物馆1677个[EB/OL](2022-12-31)[2023-02-26].http://www.gov.cn/xinwen/2022-12/31/content_5734437.htm.

③ 武丹，钟琦.媒介·科技·传播：大众传媒科技传播现状研究[M].北京：科学出版社，2017：240-241.

④ 刘彦君，吴玉辉，赵芳，等.面向突发公共事件舆论引导的应急科普机制构建的路径选择：基于多元主体共同参与视角的分析[J].情报杂志，2017，36(3)：76.

的比例达到 10.56%，相较于 2015 年和 2005 年有显著提升，彰显了中国在科普工作的积极成效。特别值得一提的是，上海和北京的公民科学素质水平超过 24%，表明这些地区在科普教育方面取得了显著成效①。

此外，国家通用语言文字的大力推广普及，为提高公众科学素质提供了重要支持。截至 2020 年，全国普通话普及率已达 80.72%，识字人口使用规范汉字的比例超过 95%，文盲率下降至 2.67%，这些基础条件的改善，为公众获取和理解科学知识提供了有力保障。

在基础教育方面，中国的教育体系不断完善，为培养公民科学素质奠定了坚实基础。2021 年，全国各级各类学历教育在校学生达到 2.91 亿人，学前教育、义务教育、高中教育和高等教育均实现较高毛入学率，确保了公民在不同教育阶段都能获得科学知识的熏陶②。

然而，尽管中国公民科学素质总体水平有所提高，但与国际先进水平相比仍存在差距。特别是上海和北京这些科学素质较高的地区，其数值仍低于美国等部分发达国家的平均水平③④。同时，东西部地区、城乡之间以及不同性别、年龄和文化程度的公民，在科学素质方面仍存在较大差异，这些都需要未来科普工作中需重点关注的问题⑤。

在接收者的科学理解能力和接受度方面，大部分公众能够通过媒介接触有效科技信息，理解并接受这些内容，还能运用科学知识解决实

---

① 中国公民科学素质调查课题组. 第十一次中国公民科学素质抽样调查主要结果发布[J]. 科普研究，2021，16(1)：94－95.

② 中华人民共和国教育部发展规划司. 中国教育统计年鉴 2021[M]. 北京：中国统计出版社，2022：3，16－17.

③ 任友群，陈超，吴旻瑜，等. 聚焦"问题解决"，补齐我国公民科学素质"短板"[J]. 科学与社会，2016，6(2)：9－17.

④ 刘立，孙楠，牛桂芹. 公民科学素质测评国际新进展及对中国的启示[J]. 全球科技经济瞭望，2018，33(5)：33－39.

⑤ 中国公民科学素质调查课题组. 第十一次中国公民科学素质抽样调查主要结果发布[J]. 科普研究，2021，16(1)：94－95.

际问题。然而，部分公众对科技知识缺乏兴趣，且接触途径有限，导致科技接受度较低①。此外，还有一些公众存在对科技信息盲目崇拜的现象，这同样需要在科普工作中加以引导。

在再传播意愿方面，总体上公众表现出较高的积极性。互联网科学传播已成为最重要的再传播渠道之一，各类科普网站、微博、微信公众号等平台为公众提供了丰富的科普内容。科技部等三部委联合发布的《"十四五"国家科学技术普及发展规划》指出，截至 2020 年，全国范围内共有科普网站 2 732 个，这些网站为公众提供了丰富的科学知识和信息。此外，科普类微博账号数量达到 4 834 个，共发布了超过 200.82 万篇科普文章，吸引了高达 160.90 亿次的阅读量。同时，科普类微信公众号达 9 612 个，累计发布 138.68 万篇科普文章，收获 28.04 亿次阅读量，这显示出中国在科技普及领域的广泛覆盖和深远影响②。中国科协精心打造的"科普中国"官方网络平台，在 2020 年全年吸引超过 74.8 亿人次浏览与传播，展现出强大的影响力和广泛的受众覆盖。该平台致力于向周边群众传递科技信息，协助相关部门组织公众参与科学技术教育、传播与普及活动。特别值得一提的是，平台拥有一支规模达 553 万人的实名注册信息员队伍。这些信息员全年共分享转发 4.2 亿人次的内容，其中超过 60%的信息员分布在四、五线城市，有效推动了科技知识和信息的普及，特别是在基层地区的传播③。此外，短视频应

① 郑保章，何苗，李良玉. 新媒体环境下中国科技传播生态及其评价体系建构分析[M]. 北京：科学出版社，2021：196.

② 中华人民共和国科学技术部，中共中央宣传部，中国科学技术协会. 科技部 中央宣传部 中国科协关于印发《"十四五"国家科学技术普及发展规划》的通知[EB/OL]（2022 - 08 - 04）[2023 - 02 - 26]. https://www.most.gov.cn/xxgk/xinxifenlei/fdzdgknr/fgzc/gfxwj/gfxwj2022/202208/t20220816_181896.html.

③ 钟琦，胡俊平，王黎明. 中国科普互联网数据报告 2021[M]. 北京：科学出版社，2022：27 - 79.

用的发展也引发了大众的热情参与，促进了科技信息的再传播①。然而，我们也需关注不同群体在再传播意愿方面的差异，并采取相应措施加以引导和支持。

（二）科技传播生态系统资源的健康状况

在中国当前的科技传播生态系统中，资源部分整体呈现出健康状态。在信息资源方面，科技报刊文章、科技图书著作、科技新闻资讯、科技广电节目以及科技影视作品（包括短视频）等多种形式的科技信息，在规模和数量上均实现稳定增长，保障了良好的生产运行状态。

《2022中国科技论文统计报告》显示，中国在科技论文产出方面成绩显著。截至2022年9月，中国的热点科技论文数达到1808篇，占世界总量的41.7%，首次超越美国位列世界第一。此外，2021年中国在国际顶尖期刊上发表的科技论文和述评文章数量达到2045篇，继续保持世界第二的排名，高水平国际期刊科技论文的发表量占世界份额的35.2%，位居全球第一。国内方面，2021年卓越科技论文共计48.05万篇，比2020年增加了1.67万篇，其中卓越国际科技论文和卓越国内科技论文分别占有显著比例。从2012年1月至2022年10月，中国科技人员共发表国际论文397.92万篇，总量继续位居世界第二。同时，中国科技人员在国际会议上发表的论文数量也保持在全球前列②。

此外，《中国科学传播报告（2021）》指出，2020年中国在科技类报纸、科普图书、科普期刊的发行量上均有所增长。广播、电视科技类节目以及科技题材纪录片等影视作品也保持了较高的生产量。特别

---

① 中国科学院科学传播研究中心. 中国科学传播报告（2022）[M]. 北京：科学出版社，2022：107－115.

② 中国科学技术信息研究所. 2022中国科技论文统计报告（2）中国卓越科技论文报告[R]. 北京：中国科学技术信息研究所，2022：1－49.

是在网络科技传播领域,科技类短视频成为主流,占据了大量的市场份额。根据人民网舆情数据中心提供的数据,2020 年全年涉及科普的网络新闻、报刊、论坛博客、微信、微博、App 新闻等数量均呈现增长态势①。

然而,在资源质量方面仍存在一些问题。受休刊减版等因素影响,科技类报纸整体内容相对滞后,编排质量有所下滑。在科技期刊领域,学术类科技期刊质量逐步稳定,但科普类期刊水平参差不齐,同质化内容泛化现象严重。科技类图书的情况与期刊类似,学术科研著作质量稳步提升,但科普类图书创作手法单一,选题趋同,原创内容匮乏,编辑业务水准也有待提高。广播电视科技类节目的内容资源分布失衡,原创且有影响力的作品供应不足。科技类影视作品中,科技电影原创脚本质量整体欠佳,剧情创作缺乏严谨科学支撑,选题范围狭窄,同质化严重,叙事视角固化,方式单一。网络视频作品大多质量一般,原创高质量作品较为罕见②。

尽管科技新闻在新闻时效性方面有显著提升,且每年都有部分优秀的科技报道作品获得新闻出版奖项认可,但总体而言,其内容主题以政府工作和政策报道为主,对高新技术发展、科技交流合作、科技人才培养与激励、农村科技发展和科技创新载体建设等方面的报道相对较少。此外,由于创作人才短缺、自主发布平台缺失、政策体制制约等因素,科学内容不严谨、趣味性不足等质量问题依旧存在③。

渠道资源目前处于相对健康状态,并正逐步向国家顶层规划的目标靠近。2020 年中国公民科学素质调查结果显示,电视和互联网是我

---

① 中国科学院科学传播研究中心. 中国科学传播报告(2022)[M]. 北京:科学出版社,2022.

② 吴祝华,王晓梅,徐迎春,等. 新媒体时代学术期刊加强新闻报道传播的策略及路径探索[J]. 科技与出版,2022(10):67-74.

③ 吴祝华,王晓梅,徐迎春,等. 新媒体时代学术期刊加强新闻报道传播的策略及路径探索[J]. 科技与出版,2022(10):67-74.

国公民获取科技信息的主要渠道，其中互联网已成为首选①。与此同时，中国的电信和互联网发展水平已跻身世界前列。《世界互联网发展报告 2022》评估显示，中国互联网发展指数在全球 48 个代表性国家中位列第二，仅次于美国，且在多个关键指标上均名列前茅。

第 50 次《中国互联网络发展状况统计报告》揭示了显著的增长趋势：截至 2022 年 6 月，中国网民规模达 10.51 亿，互联网普及率超过 74%，这不仅标志着中国互联网行业的蓬勃发展，更显示出其远超世界平均水平的强劲势头。此外，手机网民规模已接近饱和，几乎每位网民都通过手机接入互联网，这表明媒介移动化已成为当今主流趋势。手机作为最便捷的上网工具，其普及率和使用频率均快速增长，深刻影响着人们的日常生活和工作方式。这一趋势不仅体现了中国互联网技术的快速发展，也反映了中国网民对互联网的高度依赖和信任。未来，随着 5G、AI 等技术的不断成熟和应用，中国互联网的发展将更加迅猛，为亿万网民带来更加便捷、高效、智能的在线体验。即时通信、网络视频、网络新闻和网络直播等用户规模均保持高速增长，互联网已成为最主要的传播渠道资源②。

然而，具体到科技传播渠道，各类媒介和线下场所的发展状况各不相同。科技类报纸和期刊面临萎缩困境，人才流失严重，市场偏向单一。科技图书市场逐渐向数字化转变，但科普图书创作队伍老化，需要注入新活力③④。

---

① 任磊，郭凤林，黄乐乐. 我国公民网络科技信息辨识的行为模式与特征分析：基于 2020 年中国公民科学素质调查的分析[J]. 科普研究，2022，17(1)：66 - 73，103.

② 中国互联网络信息中心. 第 50 次中国互联网络发展状况统计报告[R]. 北京：中国互联网络信息中心，2022：1.

③ 中国科学院科学传播研究中心. 中国科学传播报告(2022)[M]. 北京：科学出版社，2022：27 - 75.

④ 中国科学院科学传播研究中心. 中国科学传播报告(2021)[M]. 北京：科学出版社，2021：7 - 63.

广播科技传播持续增长,成为公众获取知识信息的重要渠道之一。《中国音频用户全景调研白皮书(2021)》显示,2016 年至 2021 年上半年,全国音频传媒市场用户规模与渗透率持续稳步扩增,2020 年渗透率首次超过 50%,用户达到 7.31 亿,其中广播节目用户达到 6.38 亿,在主要音频门类中位居榜首;除广播外,移动有声 App 平台、微信公众号或小程序、智能音箱、有声阅读器或语音读书机等,也成为中国公民获取知识信息的重要渠道①。电视虽仍是主流,但受新兴媒体冲击,科技节目制作团队长期不足,电视科普市场较为薄弱②。

科技影院、科技博物馆等线下实体渠道,在各方努力下维持并拓展了科技传播阵地。它们组织的科普活动参与度高、影响力大,形成了科技活动周等知名品牌,维持乃至新开拓了科技传播的线下渠道阵地。以 2021 年为例,中国在科普活动方面成果显著。这一年,全国各类机构组织了线上线下共计 103.82 万次的科普(技)讲座,吸引 33.80 亿人次参与。此外,还举办了线上线下科普(技)专题展览 10.07 万次,吸引 2.05 亿人次参观。在科普(技)竞赛方面,全国共举办了 3.68 万次线上线下活动,吸引 7.26 亿人次踊跃参加。特别值得一提的是,在全国科技活动周期间,全国各地共举办了 11.16 万次线下线上科普专题活动,参与人次高达 5.93 亿,充分展示了中国科普活动的广泛影响力和公众的积极参与热情③。

专门的科技网站和移动 App 等网络渠道,虽然数量保持高位(见表

① 张君成.用户规模超 7 亿渗透率首超 50%[N].中国新闻出版广电报,2021-10-27(7).

② 中国科学院科学传播研究中心.中国科学传播报告(2022)[M].北京:科学出版社,2022:100-104;中国科学院科学传播研究中心.中国科学传播报告(2021)[M].北京:科学出版社,2021:73-75.

③ 温竞华.全国科普统计数据:2021 年全国共有科技馆和科技类博物馆 1677 个[EB/OL](2022-12-31)[2023-02-26]. http://www.gov.cn/xinwen/2022-12/31/content_5734437.htm.

4－3)，但整体建设速度有所放缓，部分科普网站或 App 因缺乏维护而面临关停风险。这表明，在科技传播渠道建设中，仍需注重内容更新和平台维护，以保持渠道的活跃度和有效性①。

表 4－3　2012—2021 中国建设科技传播网络渠道媒介数量②

年份	2012	2013	2014	2015	2016	2017	2018	2019	2020	2021
科普网站/个	2 443	2 430	2 652	3 062	2 975	2 570	2 688	2 818	2 732	1 867
科普类微博/个	/	/	/	/	/	2 065	2 809	4 834	3 282	1 669
科普类微信公众号/个	/	/	/	/	/	5 488	7 067	9 612	8 632	7 949

物质资源方面同样呈现出健康的发展态势。近年来，中国持续推进科技传播基础设施建设。“十三五”期间，各地规划的科技馆和科学技术类博物馆陆续完工并对外开放。进入“十四五”时期，国家进一步加大投入，鼓励和支持建设具有地域、产业、学科等特色的科普基地，旨在创建一批全国性的科普教育基地，以此扩大科普基础设施的覆盖面。

与此同时，中国政府也对现有社会科普资源进行管理和调控。“十三五”期间，通过加强对基础设施、科普产品和展教服务内容的规范管理，有效提升了科技场馆的服务能力。此外，积极推动在博物馆、文化馆、图书馆、规划展览馆、文化活动中心等公共文化设施中开展科普工作，加快乡村科普活动站、科普宣传栏等建设布局，引导科普物质资源向欠发达地区农村、民族地区、边疆地区倾斜③。

① 武丹，钟琦. 媒介·科技·传播　大众传媒科技传播现状研究[M]. 北京：科学出版社，2017：120.

② 数据来源：《中国科普统计 2013—2021 版》，2021 年度全国科普统计数据及作者整理。

③ 中华人民共和国科学技术部，中共中央宣传部，中国科学技术协会. 科技部　中央宣传部　中国科协关于印发《“十四五”国家科学技术普及发展规划》的通知[EB/OL]. (2022－08－04)[2023－02－26]. https://www.most.gov.cn/xxgk/xinxifenlei/fdzdgknr/fgzc/gfxwj/gfxwj2022/202208/t20220816_181896.html.

历年的全国科普统计数据表明,全国科普经费增长显著,公共财政投入发挥了引领作用。具体来说,2021 年度全国科普工作经费筹集规模达到 189.07 亿元,科普活动支出、科普场馆基建支出、科普展品和设施建设支出分别占重要比例;同时,发放了 4.98 亿份科普读物和资料①。

作为科技活动的核心要素,研究与试验发展(R&D)人员和经费也持续保持较快增长。国家财政科技支出稳步增加,R&D 投入强度不断提升。相关统计公报和研究报告显示,中国已成为科技人力资源大国,R&D 人员总量在 2013 年超越美国后一直稳居世界首位,R&D 经费投入也稳居世界第二②③。

然而,在当前发展阶段,中国科技传播物质资源仍面临一些挑战。例如,资源分布失衡,组织协调不足,利用效益有待提高。在 R&D 人力投入强度和 R&D 人员占总人口比例等方面,仍有进一步提升的空间。同时,将科技人力资源优势转化为科技传播人力资源优势,也是未来需要努力的方向。

(三)科技传播生态系统环境的健康状况

在中国科技传播生态系统的组成中,整体环境状况较为健康,其健康状况略优于传播实体,但相较于资源部分稍显不足④。具体而言,中国科技传播的政治环境和法律环境紧密相连,均达到了健康基准,但仍

---

① 杨舒.全国科普经费增长显著[N].光明日报,2023-01-01(3).

② 中国科协调研宣传部,中国科协创新战略研究院.中国科技人力资源发展研究报告(2020):科技人力资源发展的回顾与展望[M].北京:清华大学出版社,2021:15-21.

③ 中华人民共和国国家统计局,中华人民共和国科学技术部,中华人民共和国财政部.2021 年全国科技经费投入统计公报[EB/OL].(2022-08-31)[2023-02-26].http://www.stats.gov.cn/tjsj/zxfb/202208/t20220831_1887760.html.

④ 郑保章,何苗,李良玉.新媒体环境下中国科技传播生态及其评价体系建构分析[M].北京:科学出版社,2021:192-193.

有提升空间。

自20世纪90年代起，中国政治形势总体稳定，在中国共产党的领导下，坚定走中国特色社会主义政治发展道路，加强党的全面领导和党中央集中统一领导。面对复杂的国际环境和艰巨的国内改革发展任务，中国始终保持政治的长期稳定和有序运行。在稳定和谐的政治环境中，新中国自成立以来，特别是在改革开放的伟大进程中，逐步构建并持续完善了中国特色社会主义法律体系。至2010年底，这一体系已全面覆盖社会关系的各个领域，基本的、主要的法律框架得以确立。截至2022年底，中国现行有效的法律目录已扩充至295件，广泛涉及宪法及宪法相关法、民法商法、行政法、经济法、社会法、刑法以及诉讼与非诉讼程序法等重要领域，展现出中国法治建设的显著成果和全面发展①。

在科技传播领域，中国“十三五”期间已初步建立以《中华人民共和国科学技术普及法》为核心的政策法规体系。近年来，还出台了一系列新政策，如2021年财政部等七部门联合发布的“十四五”期间支持科普事业发展的进口税收政策，国务院印发的《全民科学素质行动规划纲要(2021—2035年)》，以及中共中央办公厅、国务院办公厅印发的《关于新时代进一步加强科学技术普及工作的意见》等。这些政策为科技传播提供了有力支持。

法律法规层面，根据国家法律法规数据库的数据，截至2023年2月，中国与科学技术相关的有效或即将生效的法律法规共有405项。其中，全国人民代表大会常务委员会制定的法律与法律解释7项，国务院制定的行政法规14项，最高人民法院发布的司法解释3项，各地方人民代表大会或人民代表大会常务委员会制定的地方性法规381项。

---

① 中国人大网. 现行有效法律目录(295件)[EB/OL]. (2023-01-06)[2023-02-26]. http://www.npc.gov.cn/npc/c30834/202301/a945c1d655ca4cc9ab7db512fb767e78.shtml.

全国31个省市自治区均出台了科技相关的地方性法律法规,数量存在差异,如西藏自治区颁布了3项实施国家法律的办法,而广东省则在省级层面制定了包括《广东省科学技术普及条例》等在内的11项法规,并在部分地市层面也颁布了相应的条例。此外,新疆、贵州、湖北等地的部分少数民族自治州县也制定了各自的《科学技术进步条例》。这些法律法规为科技传播提供了坚实的法律保障。

这些有效的政策和法律法规确实为科技传播提供了一定的法律保障,但深入分析其内容的制定和具体实施情况,现行的科技相关政策法规仍存在不足。以“2017年调查”为例,结果显示接近半数的科技工作者(48.1%)认为政府鼓励科技创新的政策环境尚不理想,这一比例相比2013年的调查结果还上升了6.4个百分点。其中,企业科技工作者对创新政策环境的好评度相对较低,无论是大型企业还是中小企业,好评度均低于五成,且低于高校和科研院所的评价①。

从激励政策的角度来看,中国当前的科技传播体系缺乏有效的激励机制,难以充分激发科技传播相关人员的工作积极性②。此外,科研人员和科研管理人员对收入分配政策改革的获得感和满意度也有待提升③。

值得注意的是,从国家到地方的科技相关法律法规中,有不少是在20世纪90年代和21世纪最初10年内制定或修订的,这些法律法规已有一段时间未进行新近的修改和调整。相关发展规划明确指出,在“十四五”期间,有关部门需要全面评估《中华人民共和国科学技术普及法》的实施情况,并推动其修订工作,以进一步完善新时代科普工作的政策

① 中国海洋学会. 中国科技工作者的期待[EB/OL]. (2019-04-02)[2023-02-26]. https://www.kczg.org.cn/article/detail?id=299583.

② 郑保章,何苗,李良玉. 新媒体环境下中国科技传播生态及其评价体系建构分析[M]. 北京:科学出版社,2021:197.

③ 中国科协创新战略研究院. 科技工作者状况调查年度报告(2020年)[M]. 北京:中国科学技术出版社,2022:5.

法规体系①。

在经济环境方面，中国作为世界第二大经济体和重要的增长贡献国，自党的十八大以来，坚持发展中国特色社会主义经济建设，不断推进新时代中国特色社会主义经济改革和发展，保持了社会经济的较高水平增长。自 1999 年中共中央、国务院发布《关于加强技术创新，发展高科技，实现产业化的决定》以来，中国在科技成果的商品化和产业化过程中取得了显著的经济效益和社会效益，科技产业规模持续扩大。

根据 2021 年中国科技统计数据，全国技术市场成交合同金额从 2012 年的 6 437 亿元人民币增长至 2021 年的 37 294 亿元，高技术产业收入达到 185 000 亿元，高技术产品出口额达 9 795.8 亿美元②。此外，国家统计局报告显示，中国科技企业作为创新主体的地位日益凸显，形成了以企业为主体、市场为导向、产学研用深度融合的技术创新体系。截至 2021 年末，中国拥有国家级科技企业孵化器 1 287 家，国家企业技术中心 1 636 家，高新技术企业数量达到 33 万家。在上海证券交易所科创板、北京证券交易所上市的企业中，高新技术企业的占比超过 90%③。

同时，中国已成为以信息科学技术为核心的数字经济的领跑者之一。2021 年，全国数字经济规模达到 45.5 万亿元，占 GDP 比重高达

① 中华人民共和国财政部，中共中央宣传部，中华人民共和国科学技术部，等. 关于"十四五"期间支持科普事业发展进口税收政策管理办法的通知[EB/OL]//中国政府网. (2021 - 04 - 09)[2023 - 02 - 27]. http://www.gov.cn/zhengce/zhengceku/2021-04/26/content_5602744.htm.

② 中华人民共和国科学技术部. 2021 中国科技统计数据[R]. 北京：中华人民共和国科学技术部，2022：3.

③ 中华人民共和国国家统计局. 新动能茁壮成长　新经济方兴未艾——党的十八大以来经济社会发展成就系列报告之九[EB/OL]. (2022 - 09 - 26)[2023 - 02 - 26]. http://www.stats.gov.cn/tjsj/sjjd/202209/t20220926_1888672.html.

39.8%①。

然而,尽管经济环境整体较为健康,但在科技传播活动领域仍存在一些挑战。一方面,整体科技经费(R&D 经费)投入强度还有待提升。2021 年,中国的 R&D 经费投入强度在全球主要国家中排名第 12 位,尚未达到经济合作与发展组织(OECD)国家的平均水平,且基础研究和应用研究的占比偏低,低于大部分发达国家水平②。另一方面,专门用于科技传播活动的经费规划有限。尽管科普工作经费投入近年来保持较快增长,但总量仍然较低,2021 年仅占全国 R&D 经费的 0.68%。根据科技部、中国科协、中国科学院公开的 2022 年度部门预算计算,三部门一般公共预算支出中,与科技传播相关的预算(包括科学技术普及、科技成果转化与扩散、科技交流与合作等)合计 68.9 亿元人民币③。经费保障问题可能成为制约科技传播进一步发展的主要因素。

文化环境处于较为健康的状态。尽管与发达国家相比仍存在一定差距,但经过 40 余年的改革开放与发展,中国社会的基础教育文化水平和公民科学素养均有显著提升,整体文化氛围对科学技术传播十分有利。除了各级各类教育覆盖面不断扩大之外,整体人口受教育水平也明显提高。15 岁及以上人口的平均受教育年限从 2010 年的 9.08 年提高至 9.91 年,16 至 59 岁劳动年龄人口的平均受教育年限则从 2010 年的 9.67 年提高至 10.75 年,增长幅度高于发达国家平均水平④。

① 中国信息通信研究院. 中国数字经济发展报告(2022 年)[R]. 北京:中国信息通信研究院,2022:5.

② 中华人民共和国科学技术部. 2021 中国科技统计数据[R]. 北京:中华人民共和国科学技术部,2022:60.

③ 其中,科技部“科技成果转化与扩散”150 000.00 万元,“科学技术普及”1 300.00 万元,“科技交流与合作”100 638.13 万元;中国科协“科学技术普及”250 201.42 万元,“科普经费项目”72 702.99 万元,“科普期刊发展工程”23 144.00 万元;中国科学院“科技交流与合作”91 000.00 万元,“文化旅游体育与传媒支出”17 万元。

④ 牛建林. 中国人口教育发展的特征、结构性矛盾与下一步思路:基于第七次全国人口普查公报和相关人口教育统计的发现[J]. 教育研究,2021,42(11):36-47.

社会公众，特别是青年群体，对科技发展的认同和对科技的兴趣程度持续增强。2020 年，普通高等学校本科在校生和毕业生中，理学、工学、农学、医学四个理工类专业占比分别为 49.8%和 47.92%；在普通高等学校和科研机构的研究生中，理工类专业在校生和毕业生占比分别为 64.4%和 57.5%，相较于前 3 年数据均有所增长①。

据中国科协测算，中国科技人力资源总量从 2006 年的近 4 200 万人增长至 2020 年底的 11 234.1 万人，参与研发活动的人数也逐年增长，总量保持世界第一。2017 年调查抽样显示，科技工作者队伍的平均年龄为 35.9 岁，与 2008 年(37.4 岁)和 2013 年(36.8 岁)相比，呈现出年轻化趋势。截至 2020 年底，我国 39 岁及以下的科技人力资源约占四分之三，这与大规模的高等教育毕业生加入科技工作者队伍的现状相符②。

然而，目前中国社会整体的价值取向与社会信用体系之间存在一定差异。社会总体信用状况良好，公民信用体系逐步完善，公众具有较高的诚信意识和信用水平。但在社会价值取向方面，公众对科学、公平和法治的追求仍需加强。在面对一些突发公共事件时，部分公众表现出科学信仰缺乏、价值取向不明等现象，这提示我们在未来需要更加注重科学普及和价值观的引导。

在技术环境方面，中国科技生态系统的整体状况较为健康。“科学技术是第一生产力”等科技发展的理念，已成为中国建设社会主义强国、推动中国式现代化持续发展的核心指导。当前，由计算机信息技术、网络通信技术、信息处理技术等引领的信息化革命，使中国在数字

① 中华人民共和国科学技术部. 2021 中国科技统计数据[R]. 北京：中华人民共和国科学技术部，2022：28.

② 中国科协调研宣传部，中国科协创新战略研究院. 中国科技人力资源发展研究报告(2020)：科技人力资源发展的回顾与展望[M]. 北京：清华大学出版社，2021：15－17.

化发展和新一轮科技革命中占据领先地位。过去十年,科技进步贡献率从 52.2%提升至 60%,标志着中国已跻身创新型国家行列[①]。高铁网络、电子商务、移动支付、5G 技术、新能源汽车、共享经济以及航天科技等领域的创新成果,均引领世界潮流。

在科技开发和迭代能力方面,中国表现强劲。PCT 国际专利申请量连续十年保持增长,从 2012 年的 1.9 万件增长到 2021 年的 7 万件;国内发明专利授权量也从 2012 年的 14.4 万件稳步增长至 2021 年的 58.6 万件。同时,在欧洲专利局(EPO)、日本特许厅(JPO)及美国专利商标局(USPTO)提交的三方专利数也显著增长,从 2014 年的 2 838 件增至 2019 年的单年 5 597 件[②]。

然而,随着中国与技术前沿国家的技术差距逐渐缩小,中国的科技传播生态系统也面临一些技术挑战。特别是在科技资源加密与安全能力方面,科技传播参与者的信息安全意识和资源安全保护能力还有待提高。《世界互联网发展报告 2022》指出,全球网络安全形势严峻,网络空间对抗冲突加剧,中国的网络安全水平指数得分位居世界中等偏后位置,成为互联网技术发展中的薄弱环节[③]。这一现状对科技传播乃至整体科技发展都构成了潜在的风险。因此,加强网络安全建设,提升信息安全意识和资源保护能力,是当前中国科技传播生态系统亟待解决的问题。

(四) 科技传播生态内在关系的健康状况

基于对中国科技传播生态系统健康状况的深入分析,其内在关系的健康评估主要聚焦于生态系统的结构和传播能力两个方面。首先,

---

① 吴善超.科技是第一生产力[N].人民日报,2023-01-10(9).

② 中华人民共和国科学技术部.2021 中国科技统计数据[R].北京:中华人民共和国科学技术部,2022:34.

③ 中国网络空间研究院.世界互联网络发展报告 2022[M].北京:电子工业出版社,2022:32-35.

从结构上看，中国科技传播生态系统总体健康，各组分间关系稳定，传播实体多样且共栖性良好。生产者、传播者和接收者等传播实体之间的配比达到健康基准，且实体间存在良性的角色转换，有效拓宽了科技传播的力量。例如，统计数据显示，2021 年专职科普创作（研发）人员达 2.24 万人，比 2020 年增加 20.79%，专职科普讲解（辅导）人员 4.92 万人，比 2019 年增加 18.41%；兼职科普讲解（辅导）人员也比 2020 年增加 13.65%，达到 31.03 万人①。这表明中国科普人员队伍建设稳步向前，人员构成进一步优化。

然而，尽管传播实体地理空间分布趋向均衡，但人均科技资源拥有量与发达经济体相比仍有差距，尤其在科技场馆、科技协会、专业科技媒体、科技企业、大学等机构生产者方面。此外，传播生态系统内部虽依赖高效的行政手段保持流畅运转，但在资源利用效率上仍有提升空间，需同时解决信息资源过载和渠道资源、物质资源缺乏的问题。

在外部关系上，中国科技传播生态系统保持了一定的开放性，与其他国家和地区进行资源流通和共享。近年来，“海归”科技工作者对国内科研环境的积极评价，也反映出人才回流趋势。“海归”科技工作者对国内科研环境持积极评价，绝大多数人并不打算再次前往海外。尽管有 41.5%和 36.7%具有海外经历的科技工作者认为国外的自然资源和科研资源在某些方面优于国内，但他们再次选择海外流动的意愿并不强烈。更为显著的是，高达 81.1%的受访者明确表示没有再次向海外流动的打算。这一数据凸显了国内科研环境对“海归”科技工作者的吸引力及其稳定性②。

---

① 温竞华. 全国科普统计数据：2021 年全国共有科技馆和科技类博物馆 1677 个[EB/OL].（2022 - 12 - 31）[2023 - 02 - 26]. http://www.gov.cn/xinwen/2022-12/31/content_5734437.htm.

② 李慷，黄辰. 我国科研人员工作满意度影响因素的实证分析：基于第四次全国科技工作者状况调查报告[J]. 科技导报，2021，39(10)：99 - 108.

然而，面对部分科学技术前沿国家实施的高新技术遏制与技术封锁，中国科技传播生态系统需加强内部良性流动和循环，以维持整个生态的健康。这将有助于提升中国在全球科技传播领域的竞争力和影响力。

通过全面评估，当前中国科技传播能力所反映出的科技传播生态内在关系整体处于较为健康的状态。中国科技传播效能和传播影响力的各类观测指标普遍呈现出正向发展的态势。

中国政府对科技传播实体具有强大的管控能力，确保了科技传播的基本效率。同时，科技信息生产者和传播者保持着高活跃度，中国卓越科技论文和图书的总体产出持续增长，并在近十年内显著提升了国际影响力。按国际论文被引用次数统计，2021 年中国在农业科学、材料科学、化学、计算机科学、工程技术等五个领域均排名世界首位①。

此外，科技会议、展览等活动的数量和频次保持在较高水平；重要的网络科技论坛社区，如“科普中国”“果壳网”“MOOC 学院”等，其活跃用户数稳定，部分还有小幅增长。互联网技术的迅猛发展使科技信息的曝光度和触达率不断提高。科技传播活动的经费投入量也逐年递增，显示出对科技传播的重视和支持②。

然而，问题和挑战依然存在。这些挑战通常与相关指标的质量维度相关。例如，按平均每篇科技论文被引用次数排序，中国在 2012 至 2022 年间发表科技论文累计超过 20 万篇的 23 个国家(地区)中仅排在第 16 位。每万名就业人员中 R&D 人员比例显著落后于发达国家，显示出研发人力资源的相对不足。人均科普专项经费仅为 4.71 元(2021 年)，且每年增长幅度有限，这可能限制了科普活动的规模和效果。同

---

① 中国科学技术信息研究所. 2022 中国科技论文统计报告(2)中国卓越科技论文报告[R]. 北京：中国科学技术信息研究所，2022：13.

② 郑保章，何苗，李良玉. 新媒体环境下中国科技传播生态及其评价体系建构分析[M]. 北京：科学出版社，2021：200.

时，科技传播媒体和活动的国际知名度有限，影响了中国科技传播的国际影响力。

面对这些问题和挑战，我们需要从国际比较中寻找对策和方案，加强科技传播的质量建设，提升科技论文的引用率，加大R&D人员的培养力度，增加科普专项经费的投入，提高科技传播媒体和活动的国际知名度。只有这样，才能维护中国科技传播生态的有序发展，并进一步提升中国在全球科技传播领域的地位和影响力。

三、主要发达国家科技传播生态健康的评估

自《中华人民共和国科普法》颁布，以及《全民科学素质行动计划纲要》实施以来，我国科技创新与科学普及事业逐步崭露头角，成为推动世界科技发展进程的重要力量。由于各国国情不同，科技传播生态自然呈现出显著差异，在发展质量与健康状态上也面临不同挑战。深入分析世界各国科技传播生态的健康状况，不仅有助于从全球视角谋划和推动科技强国建设战略行动，提升我国在全球科技创新中的竞争力，全面实施创新驱动发展战略，还能让我国在当前及未来的国际竞争中占据战略主动地位①。

在比较对象的选择上，本部分研究主要聚焦于美国、英国和日本这三个国家。美国作为世界科技强国，英国作为欧洲科技领先国家，日本作为亚洲科技圈的重要力量，它们在科学传播生态方面具有较强的代表性。通过对比这些国家的科技传播生态，我们能更全面地理解不同国家在科技传播领域的优势和挑战，为我国科技传播事业提供有益借鉴和启示。

---

① 王志刚.新时代建设科技强国的战略路径[J].中国科学院院刊，2019，34(10)：1112-1116.

（一）美国的科技传播生态

一个国家科技传播生态中传播实体数量级受多种因素影响，包括国家经济发展水平、人口密度、国土面积等，这些因素直接制约着科技传播实体在数量上的竞争优势。从纵向层级来看，美国传播实体中的一级生产者，即科学信息的原始制造者，相较于其他国家占据绝对优势，这成为美国科技发展的原动力。这一优势的形成与历史上第二次世界大战期间众多科学界顶尖人才流亡美国密切相关，直接为美国的科技发展奠定了基础。

美国不仅有政府领导下的科学传播机构，如美国国家科学基金会、美国航空航天局、美国能源部等，这些机构作为最主要的科技资源制造者，还拥有民间主力军——美国科学促进会（American Association for the Advancement of Science，AAAS）。AAAS 已有将近 200 年的历史，它不仅是美国民间最大的科学和工程学协会联合体，也是全球范围内最大的非营利性国际科技组织。其会刊 *Science* 汇聚了全球科学界的最新成果。此外，AAAS 始终致力于“公众参与科学技术”的推广，为科技传播生态中的三级生产者，如科学日、科普活动、科学教育等，提供了大量信息资源扶持。

在科普奖项设立方面，美国科学促进会也成果丰硕。例如，1945 年设立的“科学新闻奖”代表了科学写作领域职业新闻记者的最高成就；1987 年设立的“公众参与科学技术奖”用于表彰在科学传播方面做出杰出贡献的科学家和工程师；2010 年设立的“公众参与科学青年奖”作为公众参与科学奖的补充。这些奖项的设立，不仅促进了科学知识的普及，也提高了公众对科学的兴趣和参与度。

与此同时，美国公众作为接受实体，对科学知识的兴趣、态度和接受程度普遍优于其他国家。这与美国科学传播实践的早期发展和实施，特别是公众参与模型的推广密切相关。

在资源方面，以科技信息为核心的信息资源，随着美国各类科技传播活动的开展而产生，其质量是衡量科技传播生态健康与否的重要指标。这些信息资源通过多元化渠道，如互联网、图书、期刊、新闻、影视等，进行广泛传播和扩散。这一过程需要强大的科技传播基础设施、充足的物料以及人力的投入，即物质资源的坚实支持。

美国拥有一些著名的科学传播渠道，如发现频道（The Discovery Channel）、科学频道、航空航天局频道等，为公众提供了丰富的科普内容。此外，美国公共电视网（PBS）打造的系列科普节目，如《NOVA. 间谍工厂》（2009）、《宇宙：时空漫游》（2014）等，以及探索频道的科普电视节目《流言终结者》（曾获得艾美奖提名），都深受观众喜爱。

在科学杂志方面，美国也有众多成熟的出版物，如《科学》周刊、《科学美国人》月刊、《美国科学家》双月刊、《发现》月刊、《国家地理》月刊等，为公众提供了高质量的科普阅读选择。

除了渠道和出版物，美国还积极开展各类科技传播活动。不少优质的传播活动与项目已持续开展十余年，依然保持着良好的传播效果。例如，美国国家科学基金会推出的非正规科学教育计划（Informal Science Education Program），旨在通过终身教育的方式全面提升公民科学素养；美国基础教育改革工程“2061”计划，着眼于基础教育的科学教育改革；针对弱势群体的科学传播活动，确保科学知识的普及不受社会经济地位的限制；以及美国科学促进会推动举办的各类奖学金项目、科艺展览、科技政策研究院项目等，都极大地推动了美国科技传播事业的发展。

在探讨科技传播生态构成中的环境时，可从多个维度分析。首先，美国的政治环境与政策环境为科技发展提供了强有力的支持。从实践来看，美国政府一直在国家政策层面对科技发展给予便利，极大地推动了科技传播生态的繁荣。

在经济环境方面，美国作为全球经济实力最强的发达国家，自第二次世界大战后抓住了第三次科技革命的机遇,科技水平飞速提升,拥有全球最大的科技创新产业。这为科技传播提供了丰富资源和广阔市场。

在文化环境方面,美国作为个人主义国家,其社会文化对个体职业成功的认可与推崇在科技传播活动中得到充分体现。例如,美国注重对青少年科学家、职业新闻记者、科幻作家的培养和表彰,这种文化氛围激发了人们对科技传播的热情和参与度。相比之下,集体主义国家的文化环境则更强调科学发展的国家性和集体性。

美国作为世界第一经济强国,在技术环境方面为科学技术创新提供了肥沃的土壤。2022 年全球创新指数显示,美国在多个关键指标上排名世界第一,充分彰显了其强大的科技创新能力以及对科技传播的突出贡献。

从科技传播生态系统的结构角度来看,美国科技传播生态的组分结构在数量上具有优势。在三级传播实体中,一级传播实体(即科学信息的原始制造者)量比较大,这表明美国在科技信息的生产端蕴含着强大潜力。在时空结构上,美国科技传播实体在地理空间上呈多中心散点状分布,这种相对均匀的地理分布有利于形成更加平衡、协同的生态发展态势。与其他国家相比,美国科技传播实体之间的互动关系更为紧密和充分。

在传播结构方面,美国大众媒体网络发达,拥有众多作为科技内容传播渠道的条线布局。这些媒体内部结构与资源的循环模式形成了完整的内容产销链条,并通过跨国媒体集团与外部进行资源输出与交换,进一步拓展了科技传播的影响力和覆盖范围。

(二) 英国的科技传播生态

英国的科学传播实体在国家科学传播事业中同样占据举足轻重的地位,其分工特点与美国略有不同,独具特色。第一,英国的科学传播生产者由政府部门、议会部门和非政府机构组成，其中非政府机构扮演核心角色，积极与二、三级生产者互动，尤其为政府提供专业的决策咨询。第二，英国政府的主要部门各自负责一个学科板块的科学研究与开发的宏观管理，例如，科学技术委员会（Council of Science and Technology）作为政府在重大科技问题上的最高咨询机构，与工贸部、国防部、卫生部等部门共同协作。

在非政府机构中，英国的学术机构和专业学会作为科学传统的源泉，持续为整个国家的科学传播生态注入活力。特别值得一提的是，英国皇家学会（The Royal Society）作为英国历史最悠久的科学团体，在支持政府政策制定、评判科研成果、探索科学前沿应用等方面发挥着积极作用。此外，英国皇家工程院（The Royal Academy of Engineering）、英国社会科学院（The British Academy）和皇家研究院（Royal Institution）等也致力于增进公众对科学的理解和兴趣。

英国科学传播实体中的接收者，即广大公众，对科学知识的理解度、接受度及科学素养普遍较高。这从英国教育体系中将科学课设为必修课程便可看出，这种教育安排推动了科技传播生态的循环发展。英国的科技传播奖项也倾向于鼓励学生团体的科学研究，比如大英皇家研究院设立的科学研究生年度奖，专门用于表彰年轻研究者的优秀成果并提供资金支持。

在资源方面，英国拥有丰富的渠道资源，如路透社、新闻联合社、英国广播公司（BBC）等媒体，通过广泛的分发网络为公众传递科学信息。BBC 持续制作科学系列节目，将前沿科学发展转化为科普内容，并开发面向儿童的科学节目。英国的杂志，如《经济学家》《观察家》等，也经常邀请科学家投稿或撰写评论，以确保信息资源的高质量。在物质资源方面，英国具备完善的科技传播基础设施，例如，伦敦的科学博物馆和自然历史博物馆等。此外，英国还举办各种科学节、科学周等科学传播活动，在数量和质量上均领先世界。

从环境角度看,英国作为老牌资本主义国家,其政治环境与美国有相似之处,议会作为政策制定者需要思考如何实现科技进步与政府行政的有机结合。在经济方面,英国脱欧后虽面临一系列挑战,但科学界正积极应对,通过法律改革、开放技术文化环境等举措加强国际合作。

在科技传播生态系统的结构层面,英、美两国的非政府机构在传播实体中占据主导地位,民间组织的行动力和影响力较强。英国由于国土面积相对较小,这有利于生态结构中各部分的协同交流。在传播结构方面,英国强大的媒介网络和跨国媒体公司,如 BBC,使其科技传播生态具有更宽广的延展性和更长的传播触角,对国际传播生态产生较大影响。这一点对我国的科技传播事业具有重要启示意义,我国在推进科技自立自强、建设科技强国的同时,也需要加强国际传播,提升国家形象。

(三) 日本的科技传播生态

日本作为一个资本主义君主立宪制国家,在其科技传播生态的构建中,核心的传播实体大致可划分为政府与非政府两大类别。一方面,日本文部科学省作为中央政府的重要行政机关,在统筹国内教育、文化、体育及科技等多领域事务中扮演着关键角色。该部门下设的科学技术委员会和科学技术振兴机构等专门机构,致力于协同推动科技发展,成为政府层面科技传播的重要力量,在促进日本科技进步、提升科技传播效率方面发挥着不可替代的作用。另一方面,独立于政府运作的日本科学委员会(Science Council of Japan)和日本科学基金会(Japan Science Foundation)通过高效的科技传播活动,推动日本科技的进步,并增进公众对基础科学知识的理解和兴趣。

与美英两国相比,日本的一级科技传播生产者在职能上相对集中,一个传播实体的工作范围广泛,涵盖教育、文化、体育、科技等多个领域。这种结构有利于资源共享,提高了科技传播的效率和效果。此外,日本在科技传播中充分利用影视作品等媒介，通过举办科普日和科普活动，以生动有趣的方式向公众普及科学知识，使科学知识更易于被接受和理解。

作为亚洲经济强国，日本拥有健全、成熟的大众媒体网络，渠道资源丰富，物质资源投入和储备充足。在科技传播生态的信息资源方面，日本尤其重视科技影视作品、文学作品和绘画作品的创作，经过长期发展，这些作品都达到了较高的创作水平。例如，始于 1960 年的科技电影节，是日本最具权威性的科技电影节之一，致力于普及科学技术知识，其举办水平在全球处于领先地位。此外，日本还有专为青少年设计的全国儿童科学电影节，旨在从小培养青少年对科学的兴趣。

然而，日本科技传播生态构成中的环境经历了较大变化。在政治环境方面，日本较早认识到政策制定与推动对科学发展的重要性，自 1995 年起持续出台各类科技创新政策、白皮书和计划。但进入 21 世纪后，受 20 世纪 90 年代末泡沫经济的冲击，日本经济环境持续走低，科研经费投入减少，科研人员工作环境和待遇降低，这对科技传播生态的技术环境造成了不利影响。尽管如此，根据 2022 年 6 月日本文部科学省发布的《2022 年科技创新白皮书》，新世纪以来，日本在国际上的科研论文产量排名虽有所下降，但其在专利领域的表现依然强劲，2022 年的三方专利数排名世界第一，显示出其技术环境的相对稳定①。

(四) 发达国家科技传播生态状况对中国的启示

随着全球化的加速推进，全球传播生态环境正经历着前所未有的快速变革。基于科学传播理论和传播业态的最新发展，构建多元、开放、共享、有序的科技传播生态已成为当下的重要任务。这些特征是全球各国所共同追求的，但不同国家在特征演化的程度上存在差异。

---

① 中国科学技术信息研究所. 2022 中国科技论文统计报告(2)中国卓越科技论文报告[R]. 北京：中国科学技术信息研究所，2022：37.

针对我国科技传播生态的现状,我们可以从以下几个方面加快生态发展的步伐:首先,要继续坚持传播实体的多样性和共栖性,特别要关注5G时代带来的更加泛在化的传播实体,以及人与机器共生共栖的新趋势。其次,要加快从机械性向有机性的过渡,政府作为科技传播生态的顶层设计者,应具备前瞻性的眼光,引导我国科技传播生态自主、健康地向前发展。最后,要进一步提升生态的流动性,同时警惕实体和资源的过度集群化。科技传播生态的产业集群化确实有助于深化分工、节约成本,但从地域分布来看,我国科技传播产业东西部发展不平衡的问题仍待解决。因此,我们可以借鉴发达国家的经验,形成小集群、多中心的产业分布格局,充分利用各地科技资源的优势,提高生态集群的效率和效果,进而推动全国科技传播生态的均衡发展。

第五章

全球科技传播的战略转型与未来发展

当前，科技传播正从传统模式向智能化、交互式方向转变。人工智能、大数据等技术助力精准传播，虚拟现实（VR）、增强现实（AR）等技术提供沉浸式体验，推动科技知识普及与创新成果共享。未来，全球科技传播将更加注重多平台融合、用户需求导向以及跨文化交流，助力构建开放、包容的全球科技传播生态。本章将对这些内容进行探讨。

第一节　未来科技传播的构成性语境

一、传播语境

在中国，科技传播通常以“科普”或“科学传播”的形式呈现。这一活动体现了科学共同体与公众之间平等且富有互动性的交流，借助各种高效媒介，将人类在长期探索自然与社会实践中积累的科学知识、技术成果以及深层的科学文化内涵，广泛传播至包括科学家在内的全社会各阶层。其目的不仅在于激发公众对科学的兴趣和认知，更在于推广科学研究方法，传递科学思维方式，弘扬科学的精神内核和价值追求[①]。

回溯历史，科学传播的载体经历了从报纸、期刊、图书到广播、电视，再到互联网的演变。正如麦克卢汉所言，“媒介即讯息”，传播媒介的变革推动了科学传播生态的范式革新。过去，报纸、图书、广播、电视以“大喇叭”式的单向方式向公众普及科学知识，公众虽能获取知识，却难以有效参与和反馈到科学传播的完整链条中。科学家和科研人员使用的语言风格术语化、内容专业化、面向受众单一化，忽视了大部分非专业受众，导致传播效果有限。

然而，随着技术的发展，传播方式得到极大拓展。图片、视频、直播开始与科普有机地结合，形成了新的传播生态。曾经专业科学家独占传播中心的局面发生了改变。许多科普自媒体借助互联网的技术浪潮，打造网络科普知识生态，以诙谐幽默、生动有趣的语言，从人们日常生活切入，与公众进行双向科普互动。这种变化真正实现了“公众理解科学”和“公众参与科学”的目标。

展望未来，随着科学技术不断创新，媒介生态也必将迎来新的嬗变。从传播的语境出发，我们不禁思考：科学传播将会呈现出何种全新形态呢？

媒体融合趋势不断加深，全媒体传播体系建设也在持续完善。尽管“媒体融合”在总体传播领域已不陌生，但在科技传播领域，其重要性直至近几年才被广泛重视。《中国智能媒体发展报告(2021—2022)》指出，2021 年我国已步入全媒体传播体系建设 2.0 时期，智能媒体的发展正是这一阶段的典型代表。科学传播的媒体融合不仅局限于媒介介质的整合，更重要的是在移动互联网环境下实现传播形态和主体的深度融合。如今，科学传播的主体不再仅限于纸质版文字资料和录制的图像音频，还能通过高度融合的媒体形态进行实时线上直播互动，从而

---

① 黄时进. 科学传播导论[M]. 上海：华东理工大学出版社，2010：18.

在渠道、内容、技术等多个层面实现广泛融合，并在组织形态、人才机制和经营模式上实现深度整合①。

此外，传播方式的不断演进与革新，离不开科学技术的有力支撑。当前，5G、人工智能等技术的飞速发展，不仅推动了短视频的兴起，还通过 AI 内容创作、算法内容分发和智能媒体事实核查等手段，极大提升了科学传播的效率和准确度。有报告指出，我国已迈入人工智能、大数据、云计算等技术为一体的全周期升级阶段，正致力于构建与业务流程和应用场景紧密结合的 AI 中台架构②。以 5G 技术为例，其“高速率、高容量、低延时、低能耗”的特点，将助推科学传播实现内容传输的实时化，驱动超清视频为用户带来更为优质的观看体验，从而有效消除视频时长对科学传播发展的限制。

最后，还应重视科学谣言治理，严格监督并保护科学传播伦理。科学传播领域曾一度成为假新闻、谣言和伪科学滋生的重灾区。这些“科学”流言一旦进入现实生活，不仅误导公众认知和行为，更会对科学传播主体的信誉造成巨大损害。因此，未来的科学传播将特别强调对科学谣言的治理。鉴于新媒体的自清功能在抑制谣言传播和扩散方面存在局限性，特别是在恐慌和焦虑情绪下，人们往往更容易相信谣言并对其产生本能信任。为此，我们需要明确传播平台的主体监管责任，加强政府对谣言的快速辟谣能力，同时注重科学传播人才的培养，以提升科学传播的效果，确保公众能够获取准确、可靠的科学信息。

《中国科学传播报告(2022)》深入剖析并评估了报纸、科普期刊、图书、广播、电视、电影、互联网、展览、科普活动、科学教育以及科学传播政策等多个维度的科学传播现状。报告对 2021 年中国科学传播情况

---

① 崔保国，赵梅，丁迈，等. 传媒蓝皮书：中国传媒产业发展报告(2022)[M]. 北京：社会科学文献出版社，2022：18-22.

② 中国传媒大学《中国智能媒体发展报告(2021—2022)》[EB/OL]. [2022-04-08]. http://www.cuc.edu.cn/2022/0408/c1761a192255/page.htm.

进行了全面总结，并指出以下几个显著特点。

科普活动广受欢迎，成功吸引大量公众参与，体现了科学传播的广泛影响力和吸引力。

随着互联网技术的普及，线上科技交流已经成为常态，公众能更便捷地获取和分享科学知识和信息。

短视频和微视频成为构建学习场景的重要工具，其简短、直观、有趣的特点使科学知识的学习更加生动有趣，吸引了更多年轻人关注。

微信、微博和新闻客户端（即“两微一端”）成为科学传播的主要平台，凭借广泛的用户基础和强大的传播能力，有效推动了科学知识的普及。

科普图书的创作水平显著提升，为读者提供了更加优质、专业的科学读物，满足了公众对科学知识的渴求。

科学绘本以其独特的艺术魅力和教育价值，销量稳居前列，成为儿童科学教育的重要工具。

讲座、论坛、沙龙等形式的科学传播活动也各有特色，为不同领域、不同需求的公众提供了多样化的科学学习和交流机会。

科技展览以其直观、生动的展示方式，吸引了公众的广泛关注，成为科学传播的重要窗口①。

面对世界百年未有之大变局，新一轮科技革命和产业变革正孕育着突破性进展。观察近期发布的报告和文件，不难发现人工智能、媒体融合、全媒体、大数据、5G 等关键词频频出现。同时，元宇宙、Web 3.0 等新兴概念预示着未来互联网发展的重要方向。面向未来的科学传播，同样将紧密围绕 5G、人工智能、媒体融合等要点展开。在全媒体时代的国家传播大格局下，科学传播正步入“场景传播”的新时代。这一

---

① 中国科学院科学传播研究中心，《中国科学传播报告（2022）》[M]. 北京：科学出版社，2022：9－15.

时代呈现出多元主体协同参与、多样内容丰富呈现、多维互动增强效果、多种服务满足需求的特质。在诸多技术革新中，5G 和人工智能对科学传播的赋能和建构作用尤为显著。5G 技术的高速传输和低延迟特性，为科学信息的快速传播和实时互动提供了强有力的支持。而人工智能技术的应用，则通过智能化推荐、个性化定制等方式，使科学传播更加精准、高效。

二、伦理语境

随着科技传播范式的演进，从传统的“科普”到“公众理解科学”，再到“公众参与科学”，公众的角色已经从被动接收者转变为主动参与者。在“科普”的初始阶段，公众通常作为信息的接收者，科学知识主要由专家或媒体单向传递，公众的反馈和理解相对有限。

然而，随着新媒体技术的飞速发展和普及，科技传播逐渐进入“公众参与科学”的新阶段。在这个阶段，公众能够通过互联网和社交媒体平台轻松地获取丰富的科学知识，并通过评论、分享、点赞等方式积极参与到科技传播的过程中。这种互动和参与使得科技传播不再是单向的传递，而是转变为一个开放、双向的对话和交流。

同时，公众对科学知识的获取和传播也变得更加自主和广泛。许多公众开始利用自己的专业知识和技能，创作和分享科学知识，成为科学传播的新生力量。在科学松鼠会、知乎、果壳等新兴科技传播平台上，公众个体可以自主发布科学文章、参与互动问答，分享自己的科学见解和经验，这些都对推动科技传播和科学普及起到了重要的作用[①]。

在这一蓬勃发展的科技传播浪潮中，一批备受瞩目的超级科普“大V”崭露头角。他们凭借深厚的专业知识和独特魅力，在各自的科普领

---

① 金文恺. 全民传播视域下科学传播的社会共治责任伦理[J]. 新闻爱好者，2020，511(7)：50－55.

域里熠熠生辉。例如,中国科学院《博物》杂志的新媒体负责人张辰亮(又名无穷小亮),以博物学科普为主打,通过生动有趣的科普内容,吸引了无数粉丝的关注和喜爱。同样,中国人民大学附属中学的教师李永乐,在物理、数学科普领域造诣深厚,他独特的科普方式也赢得了广大网友的热烈追捧。这些科普“大V”不仅凭借专业知识成为科学传播的佼佼者,更以生动有趣的科普内容激发了公众对科学的兴趣,成为科学传播中不可或缺的重要力量。

据《2021抖音自然科普内容数据报告》显示,2021年全年自然科普类视频累计获得了7亿人次点赞,其中仅科普“大V”张辰亮的科普内容就累计获得了1亿人次点赞①。这一数据充分展现了公众对科学知识的热爱和关注,也证明了“公众参与科学”这一新型科技传播范式的成功和影响力。

在科技传播范式的演进过程中,伦理问题也随之不断演变。传统上,科学家、研究机构和媒体等机构主导着科学知识的传播,公众参与度低,导致信息不对称和知情权受限等伦理问题。然而,随着公众参与度的提升,新的伦理挑战逐渐浮现。

在科技传播主体泛化的背景下,人人都有可能成为科技传播者。如何确保这些传播者以负责任的态度传递科学知识,成为一个迫切需要解决的问题。随着传播环境的快速变化,科学有了更多表达空间,但这也可能导致过多且质量参差不齐的科技传播,阻碍有效信息的传递。

在新的传播范式中,信息的分散性和迅速性可能导致虚假信息、科学谣言等不良信息的传播。科技传播者在传递知识时,若提供不准确或误导性的信息,不仅可能导致公众做出错误决策,还可能对个人或社会造成损害。此外,政治或商业利益可能影响传播内容,使信息被过度

---

① 祖宏迪,陈征,白欣.新媒体背景下科普发展的法治保障研究[J].科普研究,2022,17(2):47-54.

强调或误导。

考虑到科学研究的局限性和不确定性，科技传播者在传播时必须承认这些限制，并避免错误的解释和误导。随着更多民间和个人力量加入科技传播，科技传播者需更加审慎地管理传播内容，以满足公众需求①。

科技传播者和公众在伦理责任上也需要不断调整和升级。传播者需对信息进行严格审核和筛选，确保公众接收到的信息准确可信；而公众则需要提高信息辨识能力，理性分析和判断，避免受到不良信息的误导。双方共同努力，才能推动科技传播向更加健康、负责任的方向发展。

媒介技术的迅猛发展深刻变革了传播生态，也对既有的科技传播伦理体系构成了新的挑战。过去，传播伦理的讨论主要聚焦于新闻媒体机构和从业者的行为规范。然而，随着大数据、物联网、算法推荐和人工智能等数字化媒介技术的广泛应用，传播领域呈现出数字化、智能化、开放性和交互性的新特征。

这些技术革新极大地丰富了科技传播的议题，使内容更加多样化，参与主体更加多元，传播模式和方式也变得更加复杂。但与此同时，也引发了一系列新的伦理困境，比如数字化科技传播中的真实性和隐私保护问题，尤其是算法黑箱和隐私让渡等难题②。

以社交媒体平台的算法推荐系统为例，这些系统运用机器学习技术，通过分析用户的兴趣和行为，为用户推荐特定内容。然而，这些算法的工作原理往往不透明，用户难以了解平台如何进行个性化推荐，由此形成了所谓的“算法黑箱”。这种不透明性不仅增加了用户数据隐私泄露风险，还可能因算法存在偏见和歧视问题，影响用户信息接收和判断。更严重的是，用户可能因此陷入“信息茧房”，只接触与自身兴趣相

---

① 梅德韦基，里奇. 科学传播伦理学[M]. 北京：清华大学出版社，2021.

② 黄静茹. 数字时代科学传播的伦理困境与化解路径[J]. 中国编辑，2021(12)：56－61.

关的信息,而忽略其他重要内容。

在这种情况下,传统的传播伦理规范已难以全面应对当前科技传播实践中的新问题。因此,迫切需要更新和完善科技传播伦理体系,以适应数字化媒介技术带来的新变化,确保科技传播的健康发展。

科技传播中的认知战,指不同利益相关方在信息、数据和研究成果等方面展开争夺与塑造,目的在于影响公众对科学知识的理解、态度及行为。这种争夺常涉及多元化的利益、观点和价值观,手段可能包含选择性报道、扭曲事实、制造舆论,以及利用社交媒体和网络论坛等多种传播渠道。

科技传播中的认知战体现在多个层面。科技公司通过广告、推销和宣传塑造产品形象,以增加销量和市场份额;政治组织或个人利用传播手段影响公众对政策和议题的态度;科学研究机构或科学家则通过媒体宣传促进研究成果普及,争取科研资源和社会影响力。

在认知战中,各方常运用各种策略和手段增强自身信誉和影响力,比如强调专业性和权威性、利用名人效应和社交媒体炒作、塑造符合自身利益的偏见和观点等。这些行为可能误导公众对科技问题的认知,导致偏离科学事实和合理决策。因此,科技传播中的认知战需引起高度关注,必须采取措施保障公众权益和科技传播公正性。以疫苗接种谣言为例,近年来,反疫苗组织和个人散播诸多关于疫苗的虚假信息,如疫苗导致孤独症、含有有害成分等。这些谣言基于错误数据和解读,危害公众健康。对此,科技传播者需积极提供真实科学知识和数据,向公众传递疫苗的安全性和有效性,引导公众作出正确决策。

三、国际科技竞争语境

2020 年以来,世界格局演变明显加速。新一轮全球性通胀爆发导致全球经济增速显著放缓,俄乌冲突的爆发更是加剧了地缘政治局势的紧张。在此背景下，逆全球化发展趋势进一步深化，各国纷纷更注重自身利益，贸易保护主义和单边主义逐渐抬头。

与此同时，新一轮科技革命迅猛发展。各国强化对新兴技术的布局，对高科技人才的争夺日趋激烈，前沿科技领域竞争愈发白热化。特别是中美之间的科技博弈，凸显了科技竞争与国家安全之间的紧密联系。科学范式正经历革命性变化。

例如，2022 年 11 月，美国公司 OpenAI 发布了聊天机器人程序 ChatGPT，作为一种自然语言处理工具，它能够通过理解和学习人类语言进行对话，对人工智能领域发展产生深远影响。随后，2023 年 2 月 8 日，微软公司发布新版必应搜索引擎，采用了 AI 模型 GPT 3.5 的升级版，旨在削弱谷歌在搜索引擎市场的霸主地位。2023 年 3 月 16 日，百度正式发布其大语言模型、生成式 AI 产品“文心一言”，与 ChatGPT 形成竞争态势。

这些新兴技术的发展，尤其是 AI 和自然语言处理技术的突破，不仅触发了科技领域的变革，也促使各国不断加大对科技创新的投入和重视，以期在未来全球竞争中占据有利地位。

中美在科技领域的竞争与博弈由来已久，且愈发激烈。从全球视角看，科技创新作为第一生产力，是国家实力的核心，更是大国竞争的关键领域。随着贸易冲突加剧，全球经济不确定性增强，科技领域竞争的重要性愈发凸显。自 2018 年中美贸易摩擦爆发以来，两国关系发生显著变化，科技领域成为竞争的核心战场。美国中情局局长威廉·伯恩斯（William Burns）明确指出，“科技领域是与中国竞争和较量的主要竞技场”①。在此背景下，中美之间的科技竞争已成为两国关系的重要组成部分。目前，5G、人工智能、生物技术、半导体、通信、芯片等技术领域，已成为中美科技竞争的主要战场。

① 高斯寒. 21 世纪中国与美国的科技较量[J]. 世界科学，2022(3)：39－40.

我国历来高度重视科技传播工作,习近平总书记强调:“科技创新、科学普及是实现创新发展的双翼,应将科学普及放在与科技创新同等重要的位置。”[①]这是对科学传播在国家战略中重要地位及其与科技创新辩证关系的精辟概括和科学论述,对指导新时代科学发展具有重要意义。一直以来,科技创新的重要性不言而喻,它在历代的科技竞争和科技革命中都发挥着关键性的作用。科学传播作为科技创新的基础环境和培养科学人才的摇篮,不仅反映国与国之间的科技竞争与博弈,更体现未来国家的发展方向。我们不仅要积极输出科技知识,更重要的是建立并输出科技价值,在科技伦理及其社会影响领域积极发出“中国声音”。

2021 年 12 月,哈佛大学肯尼迪政治学院发布了一份名为《伟大的科技竞争:21 世纪中国与美国的较量》的深入分析报告。这份报告详细剖析了中美两国在 5G、人工智能(AI)、量子信息科学(QIS)、半导体、生物技术和绿色能源等关键科技领域的竞争态势,为理解当前全球科技格局提供了重要视角。报告指出,在人工智能(AI)领域,中国已成为“全方位的竞争者,与美国并驾齐驱”。在 5G 技术方面,中国凭借全球最大的 5G 市场地位,截至 2020 年底已占据全球 87%的 5G 连接,而美国则因缺乏强大的国家基础设施,未来在 5G 应用上可能处于不利地位。

此外,报告显示,中国在量子信息科学领域的投入是美国的四倍。美国半导体工业协会预计,未来十年内,中国将开发全球 40%的新产能,成为最大的半导体制造国,拥有 24%的市场份额。

报告还特别指出,中国在生物技术领域取得了巨大进步和成就,在绿色技术供应链的关键环节,如设备制造、原材料和能源存储等方面,

① 国务院. 全民科学素质行动规划纲要(2021—2035 年)[EB/OL]. [2021-06-03]. http://www.gov.cn/zhengce/content/2021-06/25/content_5620813.htm.

领先于美国和其他国家①。

由此可见，中美之间的科技竞争将在多个关键领域激烈展开。为应对这一挑战，未来的科学传播工作将聚焦上述领域，着力培养专业、训练有素的科学传播人才，通过加强和改进科学传播工作，提升全民科学素质，让科学事业与更多公民紧密相连。

将视野从中美科技博弈拓展到全球科技体系，可以发现各国政府日益重视科学技术，纷纷推出战略规划。美国发布了《2021 年美国创新与竞争法案》，《2016—2045 年新兴科技趋势——领先预测综合报告》以及《美国国家科学委员会：2030 年愿景》等关键文件；俄罗斯推出《俄罗斯联邦长期基础科学研究计划(2021—2030)》；日本实施《第五期科学技术基本规划(2016—2020)》；德国发布《高科技战略 2025》《德国可持续发展战略——继续前行 2021》以及《量子技术——联邦政府从基础到市场的框架计划》；法国推出《“法国 2030”投资计划》。

梳理这些战略规划可以发现，各国关注的焦点主要集中在人工智能、生物医药、量子技术和数字技术等前沿领域。科技传播也将围绕这些领域，以技术为媒介或内容，进一步拓宽未来的研究视野，推动科技知识的普及与应用。

第二节　科技传播战略规划国际比较

一、中国对科技传播发展的战略规划

党的二十大报告明确提出“实施科教兴国战略，强化现代化建设人

① Allison G, Klyman K, Barbesino K, et al. The great tech rivalry: China vs the U. S. [R]. Cambridge: Belfort Center, 2021.

才支撑”。报告指出，教育、科技、人才是全面建设社会主义现代化国家的基础性、战略性支撑。必须坚持科技是第一生产力，深入实施科教兴国战略，坚持科技自立自强，加快建设科技强国①。科技传播作为科学在传播领域的体现，也相应地受到国家的保障与重视。

习近平总书记指出：“科技创新、科学普及是实现创新发展的两翼，要把科学普及放在与科技创新同等重要的位置。没有全民科学素质普遍提高，就难以建立起宏大的高素质创新大军，难以实现科技成果快速转化。”②关于科技创新，2021 年 3 月，新华社全文发布了《中华人民共和国国民经济和社会发展第十四个五年规划和 2035 年远景目标纲要》。这份“十四五”规划从全局和顶层设计的角度出发，涵盖了经济和社会发展的各个领域，并着重强调了科技创新的关键作用。在规划的第二篇“坚持创新驱动发展，全面塑造发展新优势”中，明确指出创新在我国现代化建设中的核心地位，将科技自立自强作为国家发展的战略基石。规划要求面向世界科技前沿、面向经济主战场、面向国家重大需求以及面向人民生命健康，深入推进科教兴国战略、人才强国战略和创新驱动发展战略，进一步完善国家创新体系，以加快建设科技强国为目标。从“十四五”规划对科技创新的高度重视来看，科技创新对于国家经济社会发展具有举足轻重的地位。因此，加快战略科技力量的建设，同时坚持科技创新和科学普及“双线并行”的发展策略，将是我国创新发展的重要现实路径。

在提升全民科学素质以服务于高质量发展的同时，为加强科学普及工作，国务院于 2021 年 6 月印发了《全民科学素质行动规划纲要(2021—2035 年)》，并明确了 2025 年和 2035 年的发展目标。

---

① 新华社. 党的二十大报告.[EB/OL].[2022 - 10 - 25]. http://www.gov.cn/xinwen/2022-10/25/content_5721685.htm.

② 国务院. 全民科学素质行动规划纲要(2021—2035 年)[EB/OL].[2021 - 06 - 03]. http://www.gov.cn/zhengce/content/2021-06/25/content_5620813.htm.

第一，到2025年，期望我国公民具备科学素质的比例能够超过15%，各地区、各人群之间的科学素质发展不均衡现象得到显著改善。在此期间，科普供给侧改革将取得显著成效，科学素质标准和评估体系将不断完善，国际合作在科学素质建设方面也将取得新进展。同时，“科学普及与科技创新同等重要”的制度安排将基本形成，科学精神将在全社会得到广泛弘扬，崇尚创新的社会氛围将日益浓厚，社会文明程度将实现新的提高。

第二，到2035年，国家设定的目标是使我国公民具备科学素质的比例达到25%。届时，城乡、区域之间的科学素质发展差距将显著缩小，为我国进入创新型国家前列奠定坚实的社会基础。科普公共服务的均等化将基本实现，科普服务社会治理的体制机制将基本完善，科普参与全球治理的能力将显著提高。同时，创新生态建设将实现新发展，科学文化软实力将显著增强，人的全面发展和社会文明程度将达到新的高度，为基本实现社会主义现代化提供有力支撑①。

此外，《全民科学素质行动规划纲要(2021—2035年)》还明确指出，要针对青少年、农民、产业工人、老年人、领导干部和公务员这五大关键群体，启动科学素质提升行动。这一行动旨在广泛弘扬科学精神，培育公民的理性思维，引导他们养成文明、健康、绿色、环保的科学生活方式，并进一步提升他们在劳动、生产以及创新创造方面的技能，从而为推动全民科学素质的整体提升奠定坚实基础。

“十四五”规划纲要发布后，上海市科普工作联席会议办公室紧随其后印发了《上海市科普事业“十四五”发展规划》。在“健全社会科学教育”模块中，规划强调了加强科学传播的重要性，并提出了两大方面的实施策略。

---

① 国务院. 全民科学素质行动规划纲要(2021—2035年)[EB/OL]. [2021-06-03]. http://www.gov.cn/zhengce/content/2021-06/25/content_5620813.htm.

其一，强化优质内容创作，以满足高质量发展和高品质生活的需求。这主要涵盖三个方面的努力：宣传科技创新的成就，弘扬科学精神，倡导科学生活方式。通过这些措施，旨在提升公众对科学的认知和理解，激发科学兴趣，培养科学思维。

其二，提升科学传播能效，以应对传播方式的变革。规划提出了加强新渠道、新技术应用的策略，具体从提升媒体作用、繁荣科普创作和提高活动效益三个方面入手。通过这些措施，旨在提高科学传播的效率和效果，使科学知识更加广泛、快速地传播给公众。

该《规划》还特别指出，要“打造全媒体科学传播矩阵，实现科普供给更均衡、更精准、更充分”。同时，强调要加强网络媒体和新媒体的应用，充分利用人工智能、大数据等先进技术，创新科学传播方式，持续推进上海科普公共服务平台的建设。这表明媒体在科学传播中的重要作用得到了显著重视，不仅全媒体、媒体融合将成为科学传播的重要力量，人工智能、大数据等新兴技术也将在科学传播领域发挥重要作用①。

当前，大数据、区块链、云计算、人工智能和5G网络等信息技术为科技传播注入了强大动力。科技传播工作者应敏锐捕捉并充分利用这些新技术在媒体生态加速重构中带来的机遇，持续关注和学习互联网新技术产品。展望未来，中国的科技传播战略规划将坚定地以人工智能、大数据、5G等技术为支撑，借助媒体融合的多角度呈现，依托多元化的载体形式灵活展示，推动科技知识广泛传播和深入理解。

二、代表性国家对科技传播发展的规划

国际科技传播的发展对中国科学传播领域影响显著。尽管直接以科技传播为主体的国际政策文件相对较少，但许多战略规划文件间接

---

① 上海市科普工作联席会议办公室. 上海市科普事业“十四五”发展规划[EB/OL]. [2022-03-15]. https://www.shanghai.gov.cn/gwk/search/content/fb5709f33bdd4174b41e0ce52daf7693.

提及了科技传播的重要性。因此，深入了解国际科技传播政策的发展动态，对于提升中国科学传播的水平和质量意义重大。

（一）美国对科技传播发展的规划

在2006年1月，美国提出了备受瞩目的“美国竞争力计划”。这一战略旨在全面加强美国的国际竞争力，聚焦两大核心战略方向：一是确保美国在基础科学研究领域持续占据全球领先地位；二是力求在人才储备和创新能力上保持全球绝对优势。为实现这些目标，该计划特别强调加强学校的数学和科学教育，大力鼓励学生选择STEM（科学、技术、工程和数学）作为主修专业，以此培养更多具备专业技能和创新精神的未来人才[①]。这一举措凸显了美国在教育和科技两大关键领域对科学传播的重视。

自20世纪60年代起，美国就开始重视STEM教育，并将其视为国家发展的重要基石。如今，STEM教育更是被提升至国家战略的高度，凸显其在国家发展中的重要地位。STEM教育不仅重视科技工程人才的培养，还关注科技硬实力的提升，这种教育模式在全球范围内得到广泛认可和支持。可以说，STEM教育是发达国家科学传播的重要技术摇篮，为培养具有创新精神和实践能力的科技人才提供有力支持。

2020年12月，美国国家科学院发布权威报告《无止境的前沿——科学的未来75年》的，对科研事业、科学传播以及政府与大学科研机构间的合作关系进行深度剖析和探讨。报告强调将美国的基础研究与未来几十年的经济增长紧密联系起来的重要性，并提出了相应对策建议，旨在确保科研活动能够持续推动国家经济的繁荣与发展[②]。在“美国未来维持全球科研领导力的五大关键举措”部分，特别强调了“重视科学

① 中国科学技术发展战略研究院. 美国竞争力计划[EB/OL]. [2008-08-05]. http://2015.casted.org.cn/web/index.php?ChannelID=29&NewsID=3346.

② The endless frontier: the next 75 years in science [R]. Washington, DC.: National Academic Press, 2020.

交流与传播”的重要性。

第一,报告建议建立科学与公众之间的双向交流机制,打破过去科学传播中科学家与公众隔绝的局面。报告鼓励科学家更多地与公众接触,了解公众需求,建立信任,并积极与跨学科领域的学者交流,促进科学合作。

第二,报告着重指出,必须为社会和公众创造更多参与科学创新的机会。公众不应仅仅作为科学研究的旁观者和受益者,而应更积极地融入科学研究过程。为实现这一目标,需要提升科学共同体的包容性,营造让社会、公众与科学相互交融、相互促进的文化氛围。同时,还需构建促进公众参与的坚实基础,包括改革联邦政府科学机构收集公众意见的流程,并充分发挥科普机构连接公众与科学研究的桥梁作用,激发更广泛的公众参与热情。

2021 年 6 月,美国国会参议院批准了《2021 美国创新和竞争法案》,预计投入高达 2 500 亿美金的巨额资金,支持美国制造业和科技产业蓬勃发展,以有效应对来自中国的经济和战略挑战。这项法案不仅包含多项拨款计划,还涵盖四个独立的子法案,分别是针对芯片和 5G 技术的紧急资金拨款、《无尽前沿法案》推动前沿科技创新、《2021 年战略竞争法案》加强国家竞争力、《确保美国未来法案》确保美国在关键领域的领先地位,以及《2021 年应对中国挑战法案》针对中国挑战制定相应对策。法案着重强调 STEM(科学、技术、工程和数学)人才培养的重要性,并计划加大投入,促进理工科教育发展,推动理工科学生向人力资源的有效转化,进一步巩固和加强美国在科技和创新领域的全球领导地位。

(二) 俄罗斯对科技传播发展的规划

2021 年 1 月 9 日,俄罗斯政府正式发布《俄罗斯联邦长期基础科学研究计划(2021—2030)》。该计划由俄罗斯科学院牵头,联合多个部委和国内领先科研机构共同制定，俄罗斯政府已为该计划投入超100亿卢布，并计划于2025年前完成所有项目。

该计划的主要任务涵盖多个方面，一方面，致力于建立高效的科学研究管理体系，为自由科学创作提供有利条件，确保公平竞争体制，提升计划执行者和参与者的责任感。另一方面，及时识别新的重大挑战，与国际科学界建立紧密合作关系，保障国家国防安全，促进国际科学技术合作，提升俄罗斯科学在全球的影响力。此外，该计划还强调科学知识的传播和基础科学研究成果的普及，以提高国内的科学声望①。

（三）德国对科技传播发展的规划

德国一直高度重视科学技术的发展与传播，在高新技术领域的战略规划方面尤为突出。2006年，德国联邦政府首次推出全国性、跨部门、跨领域的科技发展战略——《高技术战略》，这一战略着重革新科研政策，特别关注健康、通信及交通、前沿科技三大领域。2018年9月5日，德国联邦政府进一步出台《高科技战略2025》，旨在加大科研和创新的推动力，强化德国的核心竞争力，确保可持续发展，实现国家富强、人民安康。该战略设定目标，要在2025年前使科研支出占国内生产总值的比例达到3.5%。

《高科技战略2025》的主要内容包括健康和护理；可持续性、能源和气候；零排放智能化交通；安全；城市和乡村；经济和劳动力4.0；技术基础；专业人才基础；社会参与；促进知识转化；增强企业家精神；充分利用知识和创新网络②。

其中，“拓宽渠道共享前沿知识”这一战略内容特别强调促进最新

---

① 中国科学院科技战略咨询研究院. 俄罗斯发布2030年前基础研究计划[EB/OL]. [2021-05-21]. http://www.casisd.cn/zkcg/ydkb/kjzcyzxkb/kjzczxkb2021/zczxkb202103/202105/t20210521_6036090.html.

② 陈佳，孔令瑶. 德国高技术战略的制定实施过程及启示[J]. 全球科技经济瞭望，2019，34(3)：40-45，53.

科技理念和前沿知识的广泛传播。它要求联合科学、经济和社会各界，鼓励科学传播主体通过更多公开渠道共享最新的科技、数据和创新成果，加强企业与科研机构之间的科学交流，实现科学知识向企业传播的效率最大化。

（四）英国对科技传播发展的规划

2017年3月，英国下议院科学和技术委员会发布《科学传播与参与》报告。该报告深入探讨英国当前科学传播和公众参与的现状，识别并克服公众认识和参与科学过程中遇到的障碍。报告详细分析了英国科学传播的定义、公众科学意识的水平及其传播渠道，以及科学与政策制定的关系，并提出一系列具有参考价值的建议①。尽管公众对科学的态度和兴趣日益增强，但报告指出仍有部分人群需要被纳入科学传播范畴。为此，报告建议政府应继续支持并推动如Sciencewise等国家科研项目的进行，同时呼吁媒体在报道科学新闻时提高可信度，因为高达71%的受访者认为媒体有时会夸大科学发现，制造不必要的轰动效应。

2022年3月16日，英国国家科研与创新署（UKRI）发布《共同改变明天：2022—2027战略》。这一战略规划详细勾勒出英国未来五年的科技发展蓝图，重点聚焦科研技术创新、科研人才培养和国际创新合作等关键领域，受到了国际社会广泛关注。该战略遵循多样性、连通性、弹性化和参与性四项变革原则，并设定六大战略目标：吸引和培养世界一流的人才；打造世界一流的科研场所；推广世界一流的研究理念；追求并实现世界级的创新成果；形成具有全球影响力的科研体系；构建一个世界级的科研组织。通过这一战略，英国期望在未来五年内建立高质量的科研和创新体系，推动其经济、社会、环境和文化的全面发展②。

---

① 中国科普研究所.英国下议院科学和技术委员会发布《科学传播与参与》报告[EB/OL].[2017-11-22].https://www.crsp.org.cn/m/view.php?aid=2093.

② 中国社会科学网.英国将聚焦科研创新国际合作[EB/OL].[2022-09-13].http://www.cssn.cn/gjgc/gjgc_whsh/202209/t20220913_5492664.shtml.

（五）日本对科技传播发展的规划

2021年3月26日，日本政府发布《第六期科学技术与创新基本计划》，作为指导2021至2025年科学技术与创新发展的纲领性文件。该计划基于1995年通过的《科学技术基本法》进行更新，提出面向社会5.0的科技创新政策，旨在“建设韧性社会，确保安全舒适的生活和可持续发展”“强化研究能力，开辟新知识领域和创造新价值”，以及“重视培养人才，使国民拥有幸福生活并应对各种挑战”。

同时，该计划提出三点强化科技创新政策的推进机制，包括“提高研发资金从来源到使用的灵活度，创造新的知识和价值”“政府与民间合作，共同推进战略性研发活动”，以及“强化综合科学技术创新会议（CSTI）的核心领导职能”。

特别是关于“强化综合科学技术创新会议（CSTI）的核心领导职能”这一点，CSTI成立于2014年，是日本政府主导全国科技创新的核心参谋机构，负责科技创新政策的规划、拟定、调查、审议与推进，是连接政府、学术界和产业界的重要桥梁①。

在《第六期科学技术与创新基本计划》中，日本政府要求CSTI在发挥核心领导职能时，特别要加强向政府决策层发布信息、提出建议的能力。通过构建新的价值观和制度化方法，运用技术、法律、伦理等多种手段解决问题，CSTI在信息传播、社会各方联络以及政府决策咨询等方面将发挥更大作用，充分体现“政策科学”的核心理念。

由此可见，CSTI是日本科学传播的重要枢纽，通过这一关键节点，政府、学术界与产业界得以紧密结合，科学传播在多元主体间流动并得以有效推进。

---

① 李瑾. 日本科技创新决策机制和政策体系及启示[J]. 中国机构改革与管理，2021(4)：44-46.

第三节 科技传播发展的未来趋向

《全民科学素质行动规划纲要》明确指出,要推动传统媒体(如图书、报刊、音像、电视、广播)与新媒体的深度融合。这一策略旨在鼓励公益广告增加科学传播内容,实现科普内容多渠道全媒体覆盖。同时,引导主流媒体加大科技宣传力度,增加科普内容占比,并设立专门科普专栏。此外,还应积极发展新媒体科学传播,加强媒体从业人员在科学传播能力方面的培训,促进媒体与科学共同体的沟通合作,进一步增强科学传播的专业性和权威性①。

过去,电视节目、纸质书籍和课堂知识是人们获取科学知识的主要途径。然而,随着媒介技术日新月异,需要以更加新颖和多样化的方式呈现科普知识,以满足公众日益增长的科学需求。《中国科学传播报告(2021)》统计显示,网络已成为中国科学传播的新兴力量。2020 年,中国新建 2 732 个科普网站,创办 3 282 个科普类微博账号,以及 8 632 个科普类微信公众号②。众多相关机构或组织纷纷在微信公众号、微博、抖音、快手等平台开设账号,以及直播频道,共同构成科学传播的"新媒体矩阵"。随着 5G 等技术不断进步,短视频凭借精炼的文字、诙谐的语言和丰富的画面图文,成为科学传播不可或缺的重要渠道。它将原本晦涩难懂的科学知识变得生动有趣,吸引越来越多人参与其中,享受科学乐趣。

随着技术进步,传播方式发生显著变革。在 5G、人工智能等技术

① 国务院. 全民科学素质行动规划纲要(2021—2035 年)[EB/OL]. [2021 - 06 - 03]. http://www.gov.cn/zhengce/content/2021-06/25/content_5620813.htm.

② 中国科学院科学传播研究中心. 中国科学传播报告(2021)[M]. 北京:科学出版社,2021:1 - 2.

支持下，媒介融合在科学传播领域持续展现强劲发展势头。中国的科学普及活动逐渐从以科学期刊和科学图书为主要阵地，转向以广播电视、移动终端及短视频平台为主要传播渠道。《中国科学传播报告（2022）》指出，互联网科学传播已成为最便捷的科学传播方式之一，作为我国科学传播领域的后起之秀，展现出后来居上的态势。互联网科学传播不仅通俗易懂，还具备专业化、实用化和大众化的特点，让科学知识更加贴近公众生活，提升了科学普及的效率和影响力①。

以哔哩哔哩平台（B站）为例，有数据显示，2021年B站科学科普类内容增长幅度高达19倍，位居全站所有分区之首。相关视频的总播放量达到80亿次，点赞数高达3亿②。科学普及的主体正逐渐从专业科研人员泛化开来：众多年轻的UP主纷纷自立门户，开创出自媒体科学传播的新模式。在互联网尚不发达的时代，科学传播主体主要是科学家。他们虽然拥有过硬的专业知识和技能，但技术限制导致传播方式落后，往往难以达到理想的科普效果，受众也主要局限于科学领域的"内部人士"。随着新媒体技术的崛起，许多科学家走出科研的"象牙塔"，在平台上发布科普内容。他们借助视频这一直观、生动的载体，用朴实、易懂且充满趣味性的语言风格，向大众普及科学知识，实现科学知识的广泛传播。

总体来看，借助视频平台的科普博主主要分为两类。一类是专业出身的科研人员，他们长期深耕科研领域，如中国科学院物理研究所在哔哩哔哩的官方账号"二次元的中科院物理所"，以及中国科协"科创中国"和抖音联合推出的《院士开讲》演讲栏目。这些账号主要面向青少年传播科学内容，运营团队由一线科研人员组成，采用文章、短视频、直

---

① 中国科学院科学传播研究中心. 中国科学传播报告（2022）[M]. 北京：科学出版社，2022：109.

② 钟源. B站助力科学"冷"知识迅速"出圈"[EB/OL]. [2022－10－28]. https://baijiahao.baidu.com/s?id=1747891346409381722&wfr=spider&for=pc

播等多种形式,以公开课的方式向广大群众展现我国科技创新的成果,以生动有趣的方式解释枯燥的科学知识。

另一类则是既具备优秀传播技能又拥有专业知识的科学媒体人。以科普自媒体领域的头部博主“无穷小亮”为例,他拥有中国农业大学农业昆虫与害虫防治专业硕士学位,现任《博物》杂志副主编和中国国家地理融媒体中心主任。张辰亮在抖音开通名为“无穷小亮的科普日常”的个人账号,其作品《网络热传生物鉴定》一经发布即成为爆款视频,点赞数超过 200 万。截至 2023 年 2 月,“无穷小亮”在抖音平台已积累 2 317.4 万粉丝,其中热度最高的一则作品获得 253.4 万次点赞,9.5 万次评论,以及 4.1 万次收藏。

上述三个科普案例在传播者、传播平台及传播效果上均呈现显著差异。首先,“二次元的中科院物理所”和“院士开讲”由专业的科研机构从业人员运营,而“无穷小亮”则是一位与科普紧密相关的媒体从业者。在传播平台方面,前两个案例主要以抖音和哔哩哔哩平台作为主阵地,而“无穷小亮”则在微博、抖音、哔哩哔哩等多个平台上均建立了庞大的粉丝基础。

从传播效果来看,尽管前两个案例拥有更专业的科研人员助力科学传播和知识普及,但在风格上相对较为正式,不如“无穷小亮”诙谐生动、紧跟潮流热点,因此其受众群体相对有限。未来,这些案例可以探索更多样化的传播方式和科普话语,以吸引更广泛的受众。

值得注意的是,这三个案例都充分利用了媒介融合技术,通过短视频、中长视频以及直播等形式开展科学传播。这些视频流畅、画面精美,背后离不开 5G 等技术对媒介融合的支持。这充分展示了全媒体时代多平台、多渠道的融合优势,传统媒体和新兴媒体不再各自为战,而是有机融合,使得科技传播形式更加多样化,能够多层次、多维度地将科技信息呈现给公众。

2019 年 12 月,“典赞 · 2019 科普中国”活动由中国科协主办、新华网承办，公布了十大科普自媒体，这些自媒体均来自哔哩哔哩、微信公众号、新浪微博、快手以及抖音等平台，这充分展现了媒介融合对科学传播方式、渠道和效果的革新影响。

此外，一项调查显示，英国公众对科学兴趣浓厚，但对部分科学家的信任度有所下降，尤其是为政府和企业服务的科学家。科学信息获取主要依赖媒体，而媒体受众数量远超科学传播活动参与者。例如，英国《每日电讯报》的读者数量，就远远超过参与国家科学周全部活动或一年内参观伦敦科学博物馆的公众数量。当科学议题成为新闻焦点，报道这些议题的不仅有科学记者，还有政治记者，而政治记者科学意识可能较弱，科学界与他们联系也较少。因此，确保媒体各部门都能获得充分的科学信息、建议和评论至关重要①。由此可见，传播内容的真实性和科学性始终是科技传播的核心问题。所以，规范科技传播者的科学素养和媒介素养尤为重要。

“近十年来，我国公民科学素质水平不断提升，从 2010 年的 3.27% 发展为 2020 年的 10.56%，但与新阶段国家建设需求与人民生活需要相比，公众科学素质发展不充分不平衡问题仍旧突出。中国公民科学素质与发达国家相比仍有显著差距，美国公民科学素质水平自 2008 年起就稳定在 28%；中国青少年表现出的科学兴趣以及从事科学相关职业的学生比例只有 25%，低于经济合作与发展组织（OECD）32% 的平均值。此外，东、中、西部地区公民科学素质水平差异明显，农村居民的科学素质水平不到城镇居民的一半，老年群体（60～69 岁）的科学素质水平仅为 3.52%。”②如何提高受众的科学素养，或选择通俗易懂的方式向公众传播，仍是科技传播领域值得重点关注的问题。“央视网新闻先以

① 斯多克迈尔. 科学传播的理论与实践[M]. 王黎明，张寒，译. 北京：科学出版社，2021.

② 郑永和，杨宣洋，徐洪，等. “两翼理论”指导下科普事业发展路径的思考[J]. 科普研究，2022，17(1)：13 - 18，32.

动漫短片对‘碳达峰、碳中和’进行简单介绍，再以漫画介绍两者关系，将专业知识进行类比，用公众能理解的话语解说，取得了良好传播效果。”①

人民网舆情数据中心的最新监测数据，揭示了2020年科普信息传播的盛况。这一年，网络新闻总量达1 817 999篇，报刊文章83 000篇，论坛博客文章330 938篇，微信文章高达2 609 071篇，微博发布了567 028条内容，而新闻类App的新闻数量也有828 859篇。

深入分析这些数据发现，在微信和网络媒体平台上，科普信息传播占据主导地位。微信凭借其庞大的用户群体和高效传播能力，科普信息传播份额高达42%。网络媒体以丰富资源和广泛影响力紧随其后，占据29%的传播份额。新闻类App和微博也不甘落后，分别占据13%和9%的份额。

值得注意的是，尽管上述统计未明确包含短视频数据，但近年来短视频科普内容增长势头强劲。以2019年度科普领域统计数据为基准，快手平台上的单一科普标签页播放量轻松越过30亿次大关，鲜明彰显了短视频在科普传播中的显著优势与巨大潜能。随后，抖音平台发布的《2021抖音自然科普内容数据报告》进一步强化了这一趋势。报告显示，自然科普类视频在抖音上累计播放量逼近330亿次，收获高达7亿人次的点赞，充分展现了短视频平台在科普内容传播方面的强大影响力和用户的高度喜爱。这些数据充分说明，以“三微一端”(微信、微博、微视频、客户端)为代表的新媒体科普渠道，在我国已构建起极具影响力的科普阵地。这些平台不仅为用户提供丰富多样的科普内容，还凭借独特传播方式和广泛用户基础，有效推动科普知识的普及和传播，让科学知识更加深入人心②。

---

① 吴海荣，张虹霞，赵沛．“双碳”科普实践：意义、问题与路径[J]．科普研究，2022，17(1)：19－21．

② 祖宏迪，陈征，白欣．新媒体背景下科普发展的法治保障研究[J]．科普研究，2022，17(2)：47－54．

短视频科普形式凭借独特的便捷性和直观性，展现出跨年龄、跨学历背景的“广谱性”魅力。不同年龄段的受访者中，青年（60.6%）、中年（55.4%）、老年（50.9%），均超半数选择了这一形式，显示出对短视频科普形式的强烈偏好。同样，在学历背景方面，高学历（55.3%）、中等学历（56.2%）、低学历（66.8%）的受访者，偏好短视频科普形式的比例也都超过半数。这一趋势表明，短视频科普形式已深入人心，成为广泛接受和喜爱的科普传播方式。

另外值得注意的是，无论受访者收入状况如何，无收入（61.9%）、低收入（59.6%）、高收入（56.2%）群体，以及学生群体（58.3%），均对短视频科普表现出较高的喜爱度。这显示出短视频科普在各类人群中的广泛吸引力。除了短视频和图文并茂的媒介形式外，直播、电影/纪录片、中长视频等多样化的视频形式也紧随其后，受到公众的青睐。这一现象进一步表明，公众在获取科学信息时，对视频化内容的偏好和依赖日益增长。

在此次深入调查中，研究者仔细分析了互联网媒介科普的潜在问题。结果显示，近六成受访者担忧信息真伪难辨，担心被谣言误导；38.8%的受访者反映信息过于分散，缺乏权威的整合渠道；36.1%的受访者认为科普内容更新速度未能跟上时代迅速变化的步伐；22.0%的受访者表示，科普内容在实际操作中指导性不足；约两成的受访者则指出，科普内容过于专业，难以理解①。

与上述调查结果相呼应，抖音、快手、微博、微信等互联网平台，因其具有准入门槛低、成本造谣低、传播渠道广泛、流量变现速度快以及监管难度大等特性，不幸成为科学谣言滋生和泛滥的主要场所。这些平台上的谣言，不仅误导了公众对科学事实的认知，还对社会产生了不

① 胡俊平，钟琦，易佳，等. 基于互联网媒介抗疫科普的公众信息行为调查研究[J]. 科普研究，2022，17(1)：59－65，90，102.

良影响。在这些平台中,为了博取眼球、制造轰动效应,网络上时常出现打着“科学奇观”名号的伪科学内容,这些内容被刻意炮制并以科学的名义进行传播。与此同时,随着商业利益对内容生产的主导性日益增强,“泛娱乐化”的传播方式也在逐渐侵蚀科学的科学性与真理性。因此,如何在科技传播中,寻求内容的专业性与大众化、科学性与商业化之间的新平衡,成为摆在我们面前的重要课题。

参考文献

中文文献

[1] 金健民.科技传播与科学普及[M].青岛:中国海洋大学出版社,2006.

[2] 孙宝寅.科技传播导论[M].北京:清华大学出版社,1997.

[3] 钟琦.新媒体科技传播案例集[M].北京:国际文化出版公司,2023.

[4] 胥琳佳.科学传播中的科技争议[M].北京:光明日报出版社,2023.

[5] 任福君,尹霖.科技传播与普及实践[M].北京:中国科学技术出版社,2022.

[6] 武丹,钟琦.融媒体科技传播实践研究[M].合肥:中国科学技术大学出版社,2022.

[7] 陈昌凤,蒋俏蕾.智能与科技传播研究前沿:清华大学新闻与传播学院成立 20 周年纪念文集[M].北京:中国社会科学出版社,2022.

[8] 李建求.碰撞与会通:西方科技与教育在近代中国的传播与发展[M].北京:商务印书馆,2021.

[9] 郑保章,何苗,李良玉.新媒体环境下中国科技传播生态及其评价体系建构分析[M].北京:科学出版社,2021.

[10] 刘立作.科普理论与实践研究　科技传播学导论[M].北京:中国科学技术出版社,2020.

[11] 武丹,钟琦.媒介·科技·传播　大众传媒科技传播现状研究[M].北京:科学出版社,2017.

[12] 贾米森.牛津科学传播学手册[M].王大鹏,宋涛,谭一弘,等译.北京:中国科学技术出版社,2024.

[13] 李佳培.科学在传播　学术社交网络演化与发展研究[M].北京:中国纺织出版社,2023.

[14] 中国科学院科学传播研究中心.中国科学传播报告 2022[M].北京:科学出版社,2022.

[15] 王丽艳,钟琦.微博平台科学传播多维数据研究[M].北京:九州出版社,2022.

[16] 张会亮,高宏斌.国外科学传播动态 2021[M].上海:上海交通大学出版社,2022.

[17] 科学传播局科学教育工作联盟.育未来科学人　科学传播局科学教育工作联盟科学教育理念创新与实践　理论篇[M].北京:科学出版社,2021.
[18] 中国科学院科学教育联盟.育未来科学人　科学传播局科学教育工作联盟科学教育理念创新与实践　实践篇[M].北京:科学出版社,2021.
[19] 梅德韦基,里奇.科学传播伦理学[M].王大鹏,方芗,译.北京:清华大学出版社,2021.
[20] 斯多克迈尔,戈尔,布赖恩特.科学传播的理论与实践[M].王黎明,张寒,译.北京:科学出版社,2021.
[21] 普瑞斯特.科学技术传播百科全书[M].王大鹏,尹霖,甘晓,等译.北京:中国科学技术出版社,2020.
[22] 王勤业.新兴媒介与科学传播[M].北京:中国科学技术出版社,2020.
[23] 法律出版社数字出版中心.科学技术普及法及相关规定精选[M].北京:法律出版社,2022.
[24] 王康友.科学技术普及简史[M].北京:中国科学技术出版社,2021.
[25] 郑念编.中国科普研究所科普文集系列　构建大科普新格局:2022 科普中国智库论坛暨第二十九届全国科普理论研讨会论文集[M].北京:社会科学文献出版社,2023.
[26] 董纪昌,祝魏玮,张超,等.科学传播模式演变与科技创新交互机制的探析和思考[J].中国科学院院刊,2024,39(2):358-366.
[27] 齐培潇.我国科普理论研究再思考[J].中国软科学,2024(S1):334-340.
[28] 莫小丹,霍菲菲,马宇罡.基于科研与科普融合的科技馆实验室建设探讨:以日本科学未来馆为例[J].科技管理研究,2023,43(22):228-234.
[29] 席志武,段韦.平台化时代的科学传播:泛化特征、现实困境与应对策略[J].中国编辑,2023(9):79-85.
[30] 刘瑶瑶,李正风.国际科学传播期刊研究热点与前沿趋向[J].中国科技期刊研究,2023,34(7):935-943.
[31] 张娜,邱银忠,宋晓阳,等.大科普生态系统构建模式与机制:广东科学中心创新实践视角[J].科技管理研究,2023,43(14):234-240.
[32] 王挺,王唯滢,王丽慧.加强国家科普能力建设,服务新时代国家战略需求[J].中国科学院院刊,2023,38(5):740-747.
[33] 周慎,李晓萌.国际科学传播智库运行机制与建设路径研究[J].智库理论与实践,2023,8(1):37-45.

英文文献

[1] Burns T W, O'Connor D J, Stocklmayer S M. Science communication: a contemporary definition [J]. Public understanding of science, 2003, 12(2): 183-202.
[2] Weingart P, Guenther L. Science communication and the issue of trust [J/OL]. Journal of Science communication, 2016, 15(5): 1-11 [2020-09-23]. https://doi.org/10.22323/2.15050301.

[3] Nisbet M C, Scheufele D A. What's next for science communication? Promising directions and lingering distractions [J]. American journal of botany, 2009, 96(10): 1767－1778.

[4] Bubela T, Nisbet M C, Borchelt R, et al. Science communication reconsidered [J]. Nature biotechnology, 2009, 27(6): 514－518.

[5] Horst M, Michael M. On the shoulders of idiots: re-thinking science communication as 'event' [J]. Science as culture, 2011, 20(3): 283－306.

[6] Trench B, Bucchi M. Science communication, an emerging discipline [J/OL]. Journal of science communication, 2010, 9(3): 1－5 [2020－09－23]. https://doi.org/10.22323/2.09030303.

[7] Welbourne D J, Grant W J. Science communication on YouTube: factors that affect channel and video popularity [J/OL]. Public understanding of science, 2016, 25(6): 1－25 [2020－09－23]. doi. 10.1177/0963662515572068.

索　引

后 记

本书是李本乾教授主持的上海市2023年度“科技创新行动计划”科普专项项目“科技传播教程：理论、技能与实操”的阶段性研究成果。

课题负责人李本乾教授和王大可博士设计了全书的写作框架。在撰写阶段，刘华灿、汤文曲承担了初稿第一章的撰写任务，李默雷负责第二章，王添负责第三章，王泽宇负责第四章，陈欣雨负责第五章。此外，温馨蕊、吕林声、邓庭筠、彭湘荃等同学也为本书的研究和初稿写作贡献了不同程度的力量。

之后，李本乾教授和王大可博士对初稿进行了全面审阅、修订和改写，并承担了全书的统稿、编辑和校对工作，以保障书稿的质量和准确性。

在本课题研究以及专著的完成过程中，我们得到了科技传播领域政府相关部门、传媒机构以及众多专家学者的鼎力支持与热心帮助。在此，我们向他们致以诚挚的感谢！